TATSACHEN

NR. 01

Das Wasser ist ein freundliches
Element für den,
der damit bekannt ist und der
es zu behandeln weiß.

(Goethe, aus: Die Wahlverwandtschaften)

Dieter Fügner

Hochwasserkatastrophen in Sachsen

TaVe
TAUCHAER VERLAG

Fügner, Dieter:
Hochwasserkatastrophen in Sachsen/Dieter Fügner
1. Aufl. – [Taucha]: Tauchaer Verlag 1995.
ISBN 3-910074-31-6

Gestaltung: Hans-Jörg Sittauer
Satz, Reproduktion, Druck und Buchbinderei:
Offizin Andersen Nexö Leipzig GmbH
Printed in Germany
ISBN 3-910074-31-6

Inhalt

Vorwort

*H*OCHWASSER ist ein Naturereignis. Es wird dann zur Katastrophe, wenn es schwerwiegende Folgen für die Menschen und die Umwelt mit sich bringt. Je mehr Menschen sich in einem betroffenen Gebiet aufhalten, desto größer wird die Katastrophe durch Menschenverluste und durch Sachschäden. Einer Bedrohung durch selten auftretende extreme Hochwasserereignisse ist sich der Mensch nicht immer bewußt. Lange Zeiten ohne solche Vorfälle erwecken in ihm eine scheinbare Sicherheit. Dadurch errichtet er Siedlungen und Industriestandorte in gefährdeten Gebieten, oft sogar in Überschwemmungsgebieten, rodet Auenwälder, verfüllt Altarme und erhöht untragbar die Bodenversiegelung. Hochwasserkatastrophen bedrohen die Menschen, die sich bevorzugt in den Flußtälern niedergelassen haben, seit den ersten Tagen der Siedlungsgeschichte. Ortschaften entwickelten sich dort zu Städten, wo bedeutende Handelsstraßen die Flüsse an passierbaren Furten kreuzten und Wasser- und Landstraßen miteinander verbanden. Die Menschen nutzten den Fluß als Transportweg und seine Wasserkraft als Grundlage für ihr Gewerbe. Das Wasser diente als Lebensmittel, und schließlich schützte der Fluß gegen herannahende Feinde. Bereits aus den frühen Hochkulturen in Ägypten, Mesopotamien und dem alten Griechenland finden sich Hinweise auf Versuche, sich vor dem zerstörenden Einfluß des Hochwassers zu schützen. In Ägypten genoß der Nil göttliche Verehrung. Aus der Erkenntnis der völligen Abhängigkeit des menschlichen Daseins vom Wasser des »Vater Nil« entstand eine tief empfundene Ehrfurcht. Die Notwendigkeit der Sicherung des Lebens eines jeden einzelnen und der Gesellschaft vor der vernichtenden Gewalt des Hochwassers führte zur Einrichtung der Nilpegel an den Tempeln der Nilgötter und deren Beobachtung durch die Priester.

Im Jahre 250 v. Chr. beobachtete man in China die Wasserstände von Flüssen. 1573 warnten schnelle Reiter die ahnungslosen Bewohner entlang des Hoang Ho vor hereinbrechenden Fluten.

Mehr als zweihundert Jahre später kündeten zum erstenmal Kanonendonner von den sächsischen Bastionen das Nahen der Eis- und Wassermassen der Elbe und veranlaßten die Talbewohner, ihr Hab und Gut zu retten.

Dem Elbraum galt als Transportweg und Besiedlungsgebiet seit alters her das Interesse der Menschen. Der erste Hinweis, von dem sich auf hohe Fluten und Überschwemmungen schließen läßt, findet sich in Spangenbergs Mansfelder Chronik für das Jahr 590, in der allgemein von großen Wassergüssen und darauffolgender Pest erzählt wurde. Weit bestimmter ist dagegen eine andere Nachricht aus der Magdeburger Stadtchronik, die über Zerstörungen durch eingefallene Wenden und Hunnen im Jahre

782 berichtet. Die Reste der vom Feuer verschonten St. Stephanskirche und anderer Gebäude der Stadt wurden durch die danach eindringenden Wassermassen der Elbe vernichtet. Im September 1015 vereitelte eine plötzliche Hochflut der Elbe den Angriff des polnischen Herzogs Miesco auf die Stadt Meißen.

Nach den von Christian Gottlieb Pötzsch im Jahre 1784 zusammengetragenen Hinweisen zu Überschwemmungen vor dem 16. Jahrhundert traten die größten und verheerendsten in folgenden Jahren auf:

1015, Anfang September
1118, im September
1163, im Herbst
1187, am Johannistag (24. 06.)
1275, um Bartholomäi (24. 08.)
1342, im August
1432, im Juli

Von keiner derselben finden sich in Dresden und Umgebung Merkmale, aus welchen die erreichten Höhen hätten bestimmt werden können. Erst seit dem Sommer 1501 weisen in Stein gehauene Zeichen auf erreichte Wasserstände hin. Der 1. Januar 1776 gilt mit der Aufnahme regelmäßiger Beobachtungen am Elbpegel in Dresden durch C. G. Pötzsch als die Geburtsstunde der Gewässerkunde in Sachsen. Auf den folgenden Seiten sollen die berüchtigsten der Katastrophen von Elbe, Mulde, Müglitz und Gottleuba dem Leser zur Erinnerung und zur Mahnung nahegebracht werden.

Am 31. März 1845 ereignete sich die gewaltigste Hochwasserkatastrophe des Elbestromes seit Menschengedenken. Im Gefolge der hereinbrechenden Verwüstungen brachte sie unendliches menschliches Leid mit. Unter den heutigen Bedingungen, der dichten Besiedlung, der sensiblen Wirtschaftsstandorte, der Verkehrsdichte, würden sich die Schäden um das Vielfache erhöhen. Verhindern können wir das Naturereignis Hochwasser nicht, aber mit sinnvollen vorbeugenden Maßnahmen haben wir die Möglichkeit, die Auswirkungen zu vermindern.

Erste Hochwassermarkierungen an Elbe und Mulde

DAS 16. JAHRHUNDERT begann im August des Jahres 1501 mit einer der allerschrecklichsten Fluten, die uns aus der Geschichte bekannt sind. Sie ist die erste, von der uns eine Markierung Auskunft über die Höhe gibt. In der Stadt Meißen an einem Eckhause auf der Elbgasse, dem alten Franziskanerkloster gegenüber, prangte ein in Stein gehauenes Merkmal mit der Aufschrift:

DIE ELBE WAR
SO GROS. DAS
SIE SICH BIS
HIER ERGOS
IM IAHRE 15. 0. 1.

Auf seinem täglichen Gang zwischen Wassermeßstelle an der Elbbrücke und der unweit gelegenen Porzellanmanufaktur in den Räumen der Albrechtsburg betrachtete Christian Gottlieb Pötzsch mit gleicher Verwunderung wie alle Vorübergehenden dieses Merkmal und dachte schaudernd an die Zeit vor 274 Jahren zurück, als das Wasser 12 Ellen 10 Zoll über der mittleren Höhe des Elbstromes gestanden hatte (1 Elle = 56,64 cm = 24 Zoll).

Damals lastete im Frühsommer des Jahres 1501 eine drückende Hitze über dem Land. Gnadenlos brannte die Sonne auf Mensch und Tier, ließ die kommende Ernte am Halm vertrocknen, Quellen und Bäche versiegen. Sehnlichst wünschte sich jede Kreatur ein paar erquickende Regentropfen. Anfang August wurden die Gebete erhört. Vom Süden her, über die Gipfel des Böhmerwaldes, wälzten sich mächtige, bleischwarze Wolken heran. Sie legten sich wie ein Leichentuch über das weite Land, stießen an die Bergspitzen von Riesen- und Erzgebirge. Am 6. August fielen die ersten Regentropfen, danach öffneten sich die Schleusen des Himmels. Die durstende Natur atmete auf, Menschen tanzten vor Ausgelassenheit. Aber der Regen nahm kein Ende. Ununterbrochen, Tag und Nacht, tobte er mit äußerster Heftigkeit. Das, was zuerst wie ein Segen aussah, entwickelte sich zum Schreckgespenst. Von allen Bergen stürzten die Wassermassen zu Tal, verwandelten Wiesen in Sümpfe und Wege in reißende Ströme. Auf den moorastigen Straßen suchten die gepeinigten Menschen, ihr Hab und Gut vor den zusehends steigenden Fluten der Bäche und Flüsse zu retten. Ganz Böhmen stöhnte unter der auf dem Land liegenden Wasserwand. Erst nach neun Tagen, am 15. August, lichtete sich der Himmel, und die ersten Sonnenstrahlen beleuchteten ein trostloses Bild. Zerstörte Ortschaften, überflutete Felder und Täler, auf den Wellen treibende Menschen, Tiere und Trümmer ihrer Behausungen. Alles Wasser Böhmens strömte ihren Hauptadern aller Fließgewässer, der Moldau und der Elbe, zu. In Prag hasteten die Bürger über ihre Brücke, die beide Teile der Stadt verband, ängstlich talaufwärts blickend, von wo die gelbbraunen, schäumenden Fluten herantosten. Die bereits 1357 vom Architekten Peter Parler erbaute, mehr als 500 Meter lange Karlsbrücke ruhte zwar auf 16 massiven Pfeilern und hatte schon manchem getrotzt. Aber auf dem Flusse sah man eine Menge Mühlräder, Hütten, Dächer, Heu- und Getreideschober treiben, die sich zusammen mit Floßholz vor den Pfeilern häuften. Mit letzter Kraft versuchten Männer, den Stau und damit die Gefahr zu beseitigen. Wie lange konnte sie noch dem Druck aushalten? Gebannt schauten dichtgedrängt die Leute nach dem bärtigen Männerkopf des Bradatsch, der, im Stein ausgehauen, am Pfeiler des Kreuzherrnspitals in die Moldau hineinragend, normalerweise von der Brücke zu sehen ist und den Pragern als Richtmaß für den Wasserstand der Moldau dient. Am 15. August überstiegen die Fluten der Moldau den steinernen Kopf um 2 Ellen. Das Wasser überströmte nicht nur die tiefergelegenen Gassen, sondern auch höhere Orte, wie die Eisengasse und den Ring, wo man gezwungen war, sich der Kähne zu bedienen, um in dort befindliche Häuser zu gelangen.

Ebenso schrecklich wütete auch die Elbe. In der Stadt Pirna stieg das Wasser in der Klosterkirche über alle Altäre und reichte bis an die Kanzel, woraus sich unter dem Volk diese Sage verbreitete:

»Im Jahre 1501 ist die Elbe so fürchterlich angeschwollen, daß durch alle Tore von Pirna Wasser in die Stadt eingedrungen ist. Das Hochwasser stieg dermaßen an, daß man mit Kähnen und Schiffen hineinfahren konnte, bis

ans Rathaus. In der Klosterkirche war noch lange über dem Predigtstuhl ein roter Strich zu sehen, den man dort angebracht hatte, um zu zeigen, wie hoch das Elbwasser hier gestanden hatte. Es reichte bis an den Rand des Weihbeckens, welches vor dem Kloster an der Kirchentür stand und halb mit geweihtem Wasser gefüllt war, auch ein Weihwedel lag darin. Obwohl die Wellen des wilden Hochwassers rund um das Weihbecken an den oberen Rand schlugen, blieben das Weihwasser und der Wedel darin völlig unbenetzt, sagt man. Manche behaupten gar, das Elbwasser habe eine Elle hoch über dem Becken gestanden und doch sei kein Tropfen hineingelaufen.«

In Dresden überfluteten die schäumenden Wogen die Stadtgräben. Auf der zweiten, im Jahr 1344 erbauten Steinbrücke, der Vorgängerin der 1727 bis 1731 entstandenen berühmten Augustusbrücke, erlangte man das Wasser mit der Hand.

Christian Gottlieb Pötzsch (1732–1805) legte dieses Hochwasser und alle weiteren bemerkenswerten Wasserstände der Elbe zweihundertachtzig Jahre später höhenmäßig fest. Gemeinsam mit seinem Freunde, dem Zeichenmeister der Manufaktur Herrn C. G. Krahl, ließ er im Herbst 1774 im Auftrage der Leipziger ökonomischen Societät und auf Kosten des Rates der Stadt Meißen ein Wasserhöhenmaß in die Meißner Elbbrücke hauen, wobei der Nullpunkt dem Wasserstand entsprechen sollte, bei dem die Schiffahrt ungehindert mit voller Fracht den Strom befahren konnte. Ein Jahr später brachte er in Dresden durch *»höchste Anordnung«* an den großen Pfeiler der Augustusbrücke eine eiserne

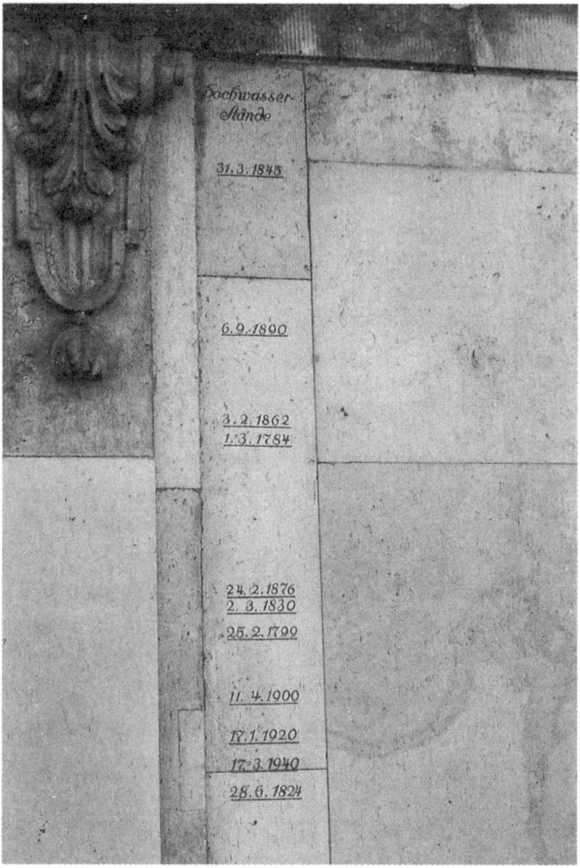

Hochwassermarken der Elbe am Pillnitzer Schloß

Pegellatte an. Umgerechnet auf den jetzigen Pegel in Dresden entspricht das für den 16. August 1501 einen maximalen Wasserstand von 857 cm. Die durch die Brückenöffnungen sich durchzwängenden schmutzigbraunen Fluten machten grauenhaften Schaden an allen Orten, führten ganze Scheunen mit Getreide und Heu, Häuser mitsamt den Giebeln, Mühlen, hölzerne Kirchen und Türme mit ihren Glocken fort. Von der Elbbrücke in Meißen hob es das Holzwerk auf der Brücke auf und schwemmte ein ganzes Fach mit vier Personen fort, die sich darauf befanden, um die Brücke mit Steinen zu beschweren. Glücklicherweise konnten sie gerettet werden, da das ganze hölzerne Fach gleich unter dem Kloster zum heiligen Kreuz an das Ufer trieb. In der Stadt Meißen selbst fuhr man mit Schiffen zu den Toren ein und aus. Ähnlich wütete diese Flut an allen in den Niederungen gelegenen Orten auch außerhalb unseres Sachsenlandes.

Am 13. August 1573 ereignete sich im Gebiet von Pirna ein solches Unwetter, das die Bäche gewaltig ansteigen ließ, verschiedene Mühlen zerstörte und mehrere Menschen in den reißenden Fluten fortführte. Im Kirchhof von Pirna wurden die Gräber unterspült und viele tote Körper herausgewaschen. So trieb auf den wirbelnden Wogen der Gottleuba bis hinein in die Elbe das Werk der Zerstörung und kündete den Dresdnern von beträchtlichen Schäden und menschlichem Leid im nahen Gebirge.

Bereits einen Tag vorher tobten an Fichtelberg- und Auersbergmassiv im Westerzgebirge katastrophale Platzregen, verstärkt durch ausgiebigen Landregen, ausgelöst vom Stau an der Gebirgskette. Oberhalb der alten Bergstadt Schneeberg ging im Quellgebiet des Schlemabaches ein Wolkenbruch nieder, der eine Welle von ganz außergewöhnlicher Größe erzeugte. Zehn Menschen und siebzig Gebäude, darunter die Kirche von Oberschlema, fielen dem Hochwasser zum Opfer. Bei den um 1934 durchgeführten Kanalisationsarbeiten fanden Arbeiter im Schlematal, gegenüber dem Pförtnerhause des Blaufarbenwerkes in Oberschlema, als ehernen Zeugen dieser furchtbaren Katastrophe in drei Meter Tiefe die große, aus dem Jahr 1438 stammende bronzene Glocke des Geläutes der eingestürzten Kirche in gutem Zustand. Das Unwetter dehnte sich auch nach der oberen Zwickauer Mulde aus. Sieben Brücken wurden bis Niederschlema weggerissen. In der Zwickauer Katharinenkirche stand das Wasser der Zwickauer Mulde 1 1/4 Ellen hoch. Wie hier, so hauste es auch im oberen Zschopaugebiet. Der Chronist von Annaberg schrieb von dem Hochwasser, daß in etlichen Städten kaum noch die Häuserspitzen aus dem Wasser herausgeragt hätten. Massenhaft seien Menschen und Vieh ertrunken, die Mühlen wären verschlammt und abgetragen worden. Großer Mangel herrschte daher an Brot. In Frankenberg und Mittweida stürzten die reißenden Fluten zu den Türen und Fenstern herein, zahllose Häuser und alle Brücken wurden zerstört. Auch aus Döbeln an der Freiberger Mulde kamen beängstigende Meldungen. Diese heftigen, ergiebigen und ausgdehnten Niederschläge erzeugten in der Stadt Grimma eine bis in die heutige Zeit nie wieder eingetretene Wasserhöhe der vereinigten Mulde. Die in Stein gehauene Markierung an einem Eckhaus des Grimmaer Marktes zeugt vom 14. August des Jahres 1573. Danach stand das Hochwasser noch $^1/_4$ Meter höher als das vom 1. Juli 1771, dessen Höhe uns an der großen Mühle bei Grimma überliefert wurde.

Ein eisiges Jahrhundert

EIS AUF DER ELBE! – Vor mehr als 30 Jahren erklang dieser Ruf das letzte Mal. Im Winter 1962/63 hatte die Elbe in Dresden an 35 Tagen eine bis zu 80 cm dicke Eisdecke. Ältere Bürger erinnern sich vielleicht noch an die strengen Winter 1953/54, 1946/47, 1939/40, 1928/29 und 1911/12, in denen der Strom mehr als vier Wochen zugefroren war. Über ihn pendelten schaulustige Passanten zwischen Neustädter und Altstädter Ufer, tollten übermütige Kinder durch die bizarren, zu Eis erstarrten Formen. Unter ihren Füßen verborgen, versuchte sich der gefesselte Wasserstrahl der Elbe zu befreien. Ein Stöhnen und Knirschen ließ die Spannung im Eis ahnen, das mit lautem, plötzlichem Knall wie eine gespannte Saite zerriß, sich aufeinander türmte und den Beginn des gewaltigen Eisaufbruchs im März 1940 und mit ihm das größte Hochwasser dieses Jahrhunderts ankündigte. Am 17. März stand das Wasser 778 cm am Pegel Dresden. Verglichen mit den Eis- und Flutkatastrophen vergangener Jahrhunderte nimmt es sich eher bescheiden aus.

Zwischen 1775 und 1900 bedeckte den Elbstrom in 37 Wintern eine geschlossene Eisdecke, davon in 27 Jahren mit einer Dauer von 4 bis 14 Wochen.

Das gewaltigste Elbehochwasser im 17. Jahrhundert wütete Anfang Februar des Jahres 1655. Nach einer anhaltenden, heftigen Kälte, wovon viele Flüsse geraume Zeit und die Elbe bei Dresden 15 Wochen lang zugefroren waren, erfolgten nach jählings eingetretenem Tauwetter, verbunden mit starkem Regen, schreckliche Eisfahrten und durchgängig außerordentliche Überschwemmungen in fast ganz Deutschland. Der angerichtete Schaden durch Moldau, Elbe und Nebenflüsse im Königreich Böhmen wurde auf 2 Millionen Goldtaler geschätzt. Allein die Vernichtung der kostbaren Wasserkunst der Prager Neustadt erforderte sechzigtausend Reichstaler Baukosten. Vor allem wurde die Prager Altstadt durch Überflutungen der Keller, durch Zerstörung vieler Gebäude und Vernichtung mancherlei verderblicher Waren, aber auch beträchtlicher Mengen Steinsalz im Kaiserlichen Salzhaus betroffen. In den eiskalten Fluten der Moldau trieben zusammen mit hunderten Stücken Vieh sich verzweifelt an Eisschollen klammernde Menschen, den am Ufer stehenden Bürgern Hilfe heischend die ermatteten Arme entgegenstreckend. Doch in den meisten Fällen gab es keine Rettung. Die im Wasser-Eis-Gemisch erstarrten Körper konnten nur tot ans Land gezogen werden. Die sonst beschaulich durch das liebliche Tal schaukelnde Moldau hinterließ ein Bild des Grauens. Die Uferbereiche und Auen waren übersät von Trümmern gestrandeter Häuser, sich losgerissener Schiffsmühlen, mitgeführter Brücken und verendeter Lebewesen.

In Pirna zerbarst am 5. Februar die Eisdecke, das

Wasser stieg in den folgenden zwei Tagen schnell so hoch, daß in allen Gassen der Stadt Kähne als das einzig mögliche Verkehrsmittel dienten. Das Durchqueren des Schifftores gelang nur in gebückter Haltung. Der Elbstrom war bedeckt von Eisschollen, zerstörten Häusern und Scheunen, manövrierunfähigen Schiffen, dazwischen trieb unzähliges Holz, Kisten, Möbel und hilfloses Vieh.

Bei Dresden brach am 3. Februar zuerst das Eis der Weißeritz auf. Der Regen des Folgetages überschwemmte durch deren Mühlgraben die Wilsdruffer Vorstadt mit der Fischerdorfer- und Viehweidegemeinde. Die Viehweide lag als feuchte Niederung zwischen Schloß, Marienbrücke und Freiberger Platz. Noch im 13. Jahrhundert war hier ein grasreicher Auenwald mit Neben- und Altarmen der Weißeritz. Als letzte Zeugen der Bebauung der alten Viehweide stehen heute noch einige alte Häuser aus dem 18. Jahrhundert in der Schützengasse mit dem 1767 errichteten Schießhaus.

Am 5. Februar, früh gegen 3 Uhr, kündigte lautes Getöse das Aufbrechen der Elbe an. Die Eisschollen stauten und stapelten sich an Untiefen im Strom und an der Brücke. Dadurch stieg das Wasser bis zum 7. Februar unaufhörlich. Altdresden wurde unter Wasser gesetzt, die Gräben der Festung liefen über. Von der Brücke konnte man das Wasser mit der Hand fassen. Nur zu Pferde gelangte man trocken durch die Festungstore. An mehreren Orten der Stadt drang das Wasser aus den Kanälen, durch die Röhre der Roßschwemme lief es in den kurfürstlichen Stall und auf die Rennbahn. Auf dem Taschenberg standen fünf Stufen der Treppe vor der Hofapotheke unter Wasser. In der großen Brüdergasse drang es bis zum Brunnen bei der Sophienkirche. Der dreitägige Eisgang setzte auch der steinernen Elbbrücke heftig zu. Unter dem fortwährenden Anprallen des Eises und der angetriebenen Gegenstände stöhnte und erbebte das gesamte Bauwerk. Große Quadersteine lösten sich und brachen heraus. Hätte die Gewalt noch wenige Stunden gedauert, wäre der Pfeiler und mit ihm das angeschlossene Gewölbe nicht mehr zu retten gewesen. Bei der Wiederherstellung des beschädigten Brükkenpfeilers wurde zum Gedenken eine Messingtafel mit folgender Aufschrift eingesetzt:

SO WEIT DAS WASSER DEN V.FEBRUARII
GEGANGEN, A° MDCLV.

Am 7. Februar erreichte der Strom in Dresden mit 9 Ellen 12 Zoll (= 838 cm jetziger Pegel) die größte Höhe. Das Vorwerk Ostra stand rundum tief im Wasser. Vom Trachenberg an der Dresdner Heide bis nach Brießnitz glich die Landschaft einem See, der so tief war, daß eine abgetriebene Fähre beim Rückgang der Flut nahe bei den Weinbergen sitzen blieb. Mit der gleichen Wut verhielt sich diese schreckliche Flut elbabwärts zu beiden Ufern des Stromes und verwüstete manche Orte. In Meißen überschwemmte das Wasser fast die gesamte Stadt, stand auf dem Frauenmarkt bis an die Decken der unteren Stuben. Aus den an vielen Bürgerhäusern angebrachten Hochwassermarken ließ sich ein Wasserstand von 12 Ellen am Pegel Meißen nachempfinden.

Die zweite Hälfte des 17. Jahrhunderts hatte mehrere herausragende Winter. Bereits drei Jahre nach dem großen Hochwasser schneite es im Januar 1658 in solcher Menge, erreichte der Schnee eine Höhe, an die sich Menschen nicht erinnern konnten. Dazu die unerträgliche Kälte! Flüsse und Seen froren

Eisstand mit zusammengepreßten Eisschollen in Dresden-Altstadt an der Schiffsanlegestelle mit Blick stromab auf die Augustusbrücke im Winter 1939/40

Frühjahrshochwasser 1940 mit Eisschollen in Dresden; höchster Pegelstand am 17. 3. 1940 mit 778 cm

zu. Der Winter 1669/1670 brachte abermals viel Schnee, heftige und anhaltende Kälte, so daß das Eis der Flüsse erst im Mai aufbrach. Nach Eiswintern 1674, 1693 und 1694 wird von einem über ganz Europa liegendem entsetzlich kalten und lang anhaltendem Winter 1695 berichtet. Die Kälte setzte bereits im Oktober ein und dauerte bis Ende März. 14 Wochen lang war die Elbe zugefroren. Am 27. März 1695 überquerten noch ganze Koppeln Pferde das Eis in der Gegend von Hamburg.

Böllerschüsse kündeten das Unheil an

*E*S BEGANN im Sommer 1783. Europa stöhnte unter einer mehrwöchigen Hitze- und Dürreperiode. Seit Mitte Juni stellte sich über weiten Teilen ein trockener Dunst oder »*Hegerrauch*« ein, welcher durch sein langes Anhalten nicht nur die Aufmerksamkeit des gemeinen Mannes, sondern auch des gelehrten Naturforschers auf sich zog, wovon verschiedene zeitgenössische Berichte zeugen. Während dieses Dunstes kam es bis zur zweiten Novemberhälfte fast zu keinem Regen, wodurch Quellen und Bäche versiegten. Die Elbwasserstände sanken von Juli bis Mitte November auf 1 Elle 9 Zoll unter dem schiffbaren Mittelwasser, so daß die Schiffahrt stark beeinträchtigt wurde. Nach mehrere Tage anhaltendem Regen setzte Frost ein. Der Elbestrom bedeckte sich immer dichter mit ständig wachsenden, bizarren Eisschollen, bis sie sich in der Nacht vom 28./29. Dezember bei der Pöppelmannschen Augustusbrücke in Dresden zusammenschoben und zu einer Fläche erstarrten. Ein majestätisches, gräßlich schönes Bild, – wüstes kaltes Grau deckte Wasser, Land und Strand. Bis Ende Februar dauerte die unerbittliche Kälte. Die versteinerten Wellen wuchsen zu schroffen, ungeformten und ungeheuren Stücken auf mehr als einen Meter in die Höhe. Ständige Schneefälle ließen das Land in der weißen

Hölle versinken und die Besorgnis der Menschen zunehmen. Unerwartet setzte vom 24. bis 28. Februar Tauwetter ein. Fast gleichzeitig brachen alle Flüsse Deutschlands auf. Den Schäden früherer Eisaufbrüche gedenkend, erteilte der Sächsische Kurfürst dem Oberzeugmeister, Herrn Generalmajor von Fröden, den Befehl, Militär an die Brücken in Meißen und Torgau zu entsenden, um mit Kanonen und Mörsern den Eisversetzungen entgegenzuwirken, was auch sofort befolgt wurde. Nachher aber schien die Gefahr nicht so groß zu werden. Bis zum 28. Februar vollzog sich ein ruhiges Abtauen bei warmem, sonnigem Wetter. Am Vormittag rührte sich das Eis hinter der Dresdner Brücke und schob sich mit gewaltig strengem und dennoch stillem Drange bis unterhalb der Stadt. Oberhalb rührte sich das Eis noch nicht. Alles hoffte auf dessen gefahrlosen Abgang. Doch es kam anders!

Den Anfang machte die Moldau in Böhmen. Diese verübte ihre grausame Wut schon in der Gegend von Budweis bis zu ihrer Vereinigung mit der Elbe in Melnik. In der Gegend von Prag stieg in der Nacht des 27. Februar das Wasser derart, daß sich alles, was nahe am Ufer lag, innerhalb einer Stunde retten mußte. Um 2 Uhr nach Mitternacht strömte dasselbe mit Gewalt in die tiefer gelegenen Wohnungen, und um 3 Uhr standen alle Mühlen völlig unter Wasser. Durch die Annengasse drang es in die Häuser der Jesuitengasse und stürzte wie ein reißender Strom weiter fort. Alle Wohnungen und das K. K. Landadministrations-Gebäude wurden umringt. Von da stieg es weiter in die Plattnergasse, zum Gasthaus »Grüner Frosch«, wo es von der Karpfengasse einen neuen Zufluß erhielt. Die ganze Judenstadt stand unter Wasser. Die Gefangenen im Spinnhause saßen bis unterm Hals darinnen, und da der Verwalter keine Rettung sah, war er gezwungen, sie ihrem Schicksal zu überlassen, weswegen sie sich durch Schwimmen und Klettern nach verschiedenen Orten retteten, bis sie tags darauf durch die Polizei wieder eingefangen wurden. Das Krankenspital bei den barmherzigen Brüdern versank ebenfalls sehr tief im Wasser, so daß man die unten liegenden Kranken in das obere Stockwerk tragen mußte. Ein mächtiger Eisstoß riß einen Pfeiler der Karlsbrücke los. Mit ihm stürzte das Wachthaus unter entsetzlichem Krachen in den Fluß und zog fünf Soldaten in die tosende Flut. Zwischen anderen Unglücklichen schwamm auf einem Bett eine Frau, die unter jämmerlichen Hilferufen ihr nacktes Kind in die Höhe hob. An einem mehrere Fuß dicken Balken klammerte sich mit letzter Kraft ein Mann bis zur Brücke fest, wo er durch Herablassen einer Leiter noch gerettet wurde.

So weit das Elend von Türmen und aus hochliegenden Gebäuden übersehen werden konnte, war nichts als Wasser. Mit solchem schrecklichen Toben, wie in Prag und Umgebung, strömte die wirbelnde Flut unheilbringend weiter und drang unvermutet über die sächsische Grenze.

Am 28. Februar 1784, gegen 9 Uhr abends, begann in Dresden unter lautem Krachen ein gewaltiger Aufbruch des Eises mit unglaublich schnellem Anwachsen des Wassers. Bis zum folgenden Morgen stieg der Wasserstand innerhalb von elf Stunden um 355 cm, das heißt pro Stunde um 32 cm, und erreichte am Morgen des 1. März zwischen 2 und 6 Uhr mit 9 Ellen 20 Zoll, was etwa 857 cm am jetzigen Pegel entspricht, den höchsten Wert. Die Auswirkungen des Wütens der nächtlichen Eisflut im gesamten Elbtal waren katastrophal. Gleich in der ersten Stadt auf sächsischem Boden, Schandau, war der Schrecken und die Not äußerst groß. Das Wasser stieg in das oberste Stockwerk der Häuser. Die Einwohner gewannen kaum Zeit, Vieh und sich selbst durch Dachöffnungen zu retten. In der Kirche reichte das Wasser bis weit über den Altartisch. Folglich war fast die gesamte Stadt dem gänzlichen Verderben ausgesetzt.

Hätten nicht, sofort nach Rückgang der Flut, die benachbarten, vom Hochwasser verschont gebliebenen Städte Sebnitz, Neustadt und Stolpen die Notleidenden mit Brot und anderen Dingen versorgt, so wäre ein großer Teil davon in Gefahr gekommen, Hunger zu leiden. Als das dem Kurfürsten bekannt wurde, erteilte er den Kreis- und Amtshauptleuten des Meißnischen Kreises dringendste Befehle, den Notleidenden, nach eigenem Gutbefinden, ohne Einschränkung bestmögliche Hilfe und Linderung zu verschaffen. Im kurfürstlichen Auftrag bereiste der Kammerherr und Kreishauptmann von Carlowitz die Gegend von Dresden aus bis Schandau an beiden Elbufern entlang. Während der Not verhielt sich auch die Festung Königstein gegen die unglücklichen Einwohner des Städtchens Königstein und der umliegenden Orte besonders mildtätig und half mit Brot und dem Allernotwendigsten. Auch das Städtchen Wehlen kam durch die über alles hinwegfegende Eisflut in Bedrängnis. Die 1771 errichtete Schiffsmühle erlitt starke Beschädigungen und konnte längere Zeit nicht genutzt werden. Sie war die bekannteste der bereits im Jahr 1721 bestehenden 84 sächsischen Schiffsmühlen. Im Februar 1799 wurde sie bei schwerer Eisfahrt losgerissen und oberhalb Pirna an das Land getrieben.

In Pirna kam man nur mittels Kähnen durch die Gassen. Die Uferbauten der Stadt wurden durch den Eisgang stark in Mitleidenschaft gezogen. Ihre Wiederherstellung erforderte 1800 Reichstaler. Im Dorf Copitz schoben sich die gewaltigen Schollen turmhoch durch die Gärten und rasierten die Obstbäume einfach um oder rissen sie mit den Wurzeln heraus, damit den einzigen Ernährungszweig vernichtend. In dem unterhalb gelegenen und zum Kammergut Pillnitz gehörenden Dorf Hosterwitz litt unter anderem das zur Kurfürstlichen Landes-Oekonomie-Manufaktur- und Commercien-Deputation gehörige Maulbeerplantagen-Gut, das mit seinen Gebäuden und Feldern nebst der Kirche ganz nahe am Ufer lag. Die ebenfalls zum Kammergut gehörende Schanzschenke wurde in der Nacht vom 29. Februar zum 1. März ein Raub der Fluten. Der Wirt rettete sich und seine Familie aus dem schwankenden Haus durch die obersten Fenster auf Booten ans Ufer. Dem Fährmeister des Dorfes Laubegast entriß die kalte Flut zwei Fähren und drei kleine Fahrzeuge.

Zwischen Niederpoyritz und Wachwitz lagen die Elbwiesen mehrere Ellen hoch mit Eisschollen bedeckt, so daß sie einer arktischen Landschaft glichen. Vom Dorf Loschwitz bis Dresden-Neustadt wurden verschiedene Mauern von den bis ins Elbtal herunterlaufenden Weinbergen, ihrer Stärke und Festigkeit ungeachtet, von der alles verwüstenden Eisflut weggerissen. Der Strom war dicht mit Holzstämmen, Hausrat, Kisten, Fässern, Gebäuden, totem Vieh und natürlich Eis übersät. 40 Schiffe und Kähne passierten die dumpf zitternde Dresdner Elbbrücke. Das Toben des reißenden Stromes zerbrach an den Brückenpfeilern Holzstämme wie Glasröhren. Eine abgetriebene, zerstörte Schneidemühle aus der Gegend von Königstein legte sich gemeinsam mit Stammholz quer vor den zweiten Bogen der Brücke. Es häuften sich mächtige, durch das Nadelöhr drängende Eisschollen. Das gesamte Brückenfach schien verstopft. Plötzlich zersplitterte unter entsetzlichem Geprassel das Holz und trieb zusammen mit dem Eis hindurch. Zwei ansehnliche Frachtschiffe trieben mit aufgerichteten Masten und angespannten Leinenwerk gegen das Bauwerk.

Beim zweiten Anprallen knickten die wuchtigen Mastbäume wie Strohhalme, auch das Leinenwerk zersprang, worauf die halbzertrümmerten Schiffe durch die Öffnung schlüpften. Schließlich erlitt die herrliche Brücke selbst durch das dauernde Anstoßen der Eisschollen und der sperrigen Holzteile am neunten Pfeiler großen Schaden. Die niedrigen Brückenbogen auf Neustädter Seite konnten den Durchfluß nicht mehr bewältigen. Vor dem Pirnaischen Tor verschlang die Flut fast alle Holzvorräte, überströmte die Häuser dieser Gegend zum Teil bis an das erste Stockwerk. Auf der traditionellen Vogelwiese stapelten sich die Eisschollen übereinander. Das Wasser füllte den Stadtgraben, so daß die Brücken an den Toren mit Balken und Steinen beschwert werden mußten. Es trat in die Pirnaische Vorstadt bis über den Elbberg.

Auf der Neustädter Seite vor dem Schwarzen Tor überströmte die Flut den Coselischen Garten und das Linkische Bad. In der Stadt Dresden erreichte das Wasser die kleine und große Fischergasse bis hin zum Brühlschen Palais. Der Zimmerhof beim Zeughaus stand bis 2 Meter unter Wasser. Auch durch das Wilsdruffer Tor konnte man nicht mehr zu Fuß gelangen. Durch das zurücktretende Wasser in den Schleusen war der Taschenberg bis an die Schloßgasse überschwemmt. Im Zwingergarten stand das Wasser einen Meter hoch. Bei den elbnahen überfluteten Häusern und der Katholischen Hofkirche stießen die Eisschollen einen Teil der Ufermauern nieder. Die Elbgärten auf Kloster- und Großer Meißnischer Gasse in der Neustadt lagen bis 3 Meter unter Wasser. Es flutete durch das Elbtor beim Jägerhof, überschwemmte die Große Meißnische Gasse und den Markt. Auf Balken- und Bretternotsteigen bewegten sich groteske, vermummte Gestalten, da der Hof zu diesem Zeitpunkt die Fastnacht in Dresden feierte. Die Festungsgräben standen voll Wasser und quollen an manchen Orten über. Am Weißen Tor war zu Fuß kein Durchkommen. Auf Altstädter Seite floß das Wasser aus Elbe, Weißeritzmühlgraben und Stadtgraben hinter dem Zwinger durch den Herzogin-Garten, durch Schieß- und Grünegasse. Es überschwemmte die Ostra-Allee bis Friedrichstadt mit den kurfürstlichen Ställen und den Orangerie-Gewächshäusern um 1 bis 2 Meter. Es drang teils von der Weißeritz, teils aus dem Ostragehege bis zum Brauhaus und dem Brauergäßchen und bedeckte sie einen halben bis zu 1 Meter hoch.

Unterhalb Dresdens litt besonders das Dorf Gohlis unter der Eisflut. Die Veranlassung dazu gab ein oberhalb liegender Heger aus angeschwemmten Kiesen und Sanden. An ihm stauten sich die Eisfelder. Dadurch stürzten die Wasser- und Eismassen bis 3 Meter hoch durch das Dorf und schnitten den entsetzten Einwohnern die Fluchtwege ab. Aus den Dachfenstern kletterten sie auf die Dächer und harrten halberfroren und hungernd zwei Tage auf Rettung. Wie ein Wunder verlor kein Mensch das Leben, dagegen ertrank fast das gesamte Vieh, alle Gebäude wurden stark beschädigt. Der finanzielle Verlust wurde auf 23 214 Reichstaler geschätzt.

Um und in Meißen wüteten die hereinbrechenden Fluten. Die Straßen um Fleischer-, Jüden- und Wassertor standen 2 bis 3 Meter unter Wasser. Die sich durchdrängenden, miteinander verschlingenden und zu Bergen stapelnden Eisschollen bohrten sich wie Rammböcke in die Wände und drohten die Häuser zu durchschneiden. Neun Personen fanden den Tod. Eine menschliche Herzen rührende Szene ereignete sich hierbei gegen 10 Uhr unter der Stadt auf dem zur Kurfürstlichen Porzellanmanufaktur gehörenden Holz- oder Kohlenhof, wo die unheilgebärende Flut mit ihrem Eis das Wohnhaus des Kohlenbrenners wegnahm, in dem dieser mit seiner Frau und vier Kindern elendiglich vor vieler Menschen Augen ertrank. Wegen des wild wirbelnden Eisstromes konnte man ihnen nicht zu Hilfe eilen. Zuletzt sah man den Mann noch durch das Dach heraus kriechen, worauf er samt dem Haus stürzte und mit diesem fortgeschwemmt wurde.

Die Wucht des Anpralles der Eisschollen, des mitgerissenen Stammholzes und der sich überschlagen-

Elbhochwasser am 6. September 1890 in Königstein

den Wellen beschädigte auch die steinernen Pfeiler der Meißner Brücke. Mittels starker Ketten versuchte man, provisorisch den Bögen und Pfeilern Halt zu geben und den Personenübergang notdürftig zu gewährleisten. Der im folgenden Sommer erforderliche Brückenbau wurde mit 20 000 Reichstalern veranschlagt. Schlimm traf es auch die 24 Einwohner des zum Stifte Meißen gehörenden Dorfes Boritz, worüber der Pfarrer Magister Johann Friedrich Ursinus (1735–1796) im Dresdner Anzeiger berichtete. Die Häuser verschwanden in den Fluten, die Bauern verloren ihren gesamten Viehbestand und bangten tagelang um ihr Leben.

Am 29. Februar 1784 abends bannte einsetzender Frost weitere Gefahr. Die überfluteten Flächen gefroren gleich zu Eis und erschwerten damit die Rettungsarbeiten. Innerhalb 24 Stunden zog sich in Dresden das Wasser aus allen Gassen und Häusern zurück, und am 6. März bewegte es sich wieder gezähmt innerhalb der Ufer.

Der folgende Winter 1784/85 brachte wiederum strenge, anhaltende Kälte und Dauerschneefall. Bei Lufttemperaturen bis zu minus 30 Grad Celsius herrschte an 108 Tagen Eisstand auf der Elbe. In der ersten Aprilhälfte stieg das Thermometer nicht über den Gefrierpunkt. Der Schneefall nahm kein Ende. Die katastrophalen Auswirkungen des Vorjahres führten im Februar 1785 zu ersten Maßnahmen eines vorbeugenden Hochwasserschutzes. In einer kurfürstlichen Verfügung sollten reitende Boten ab sächsischer Grenze bei Schandau den Eisaufbruch und die aus Böhmen herannahende Wasserflut melden. Rettungskähne wurden in den Städten stationiert. Überraschenderweise verlief der Eisaufbruch Mitte April ohne Komplikationen.

Das zu Ende gehende 18. Jahrhundert verabschiedete sich mit einer beißenden, über zwei Monate währenden »Hundekälte«. Bäche und Flüsse erstarrten unter dem eisigen Hauch. Das Thermometer sank unter minus 26 Grad Celsius. Auch der Elbestrom hatte sich seit dem 23. Dezember 1798 mit einem festen Eispanzer überzogen, der fast den Flußgrund berührte. Am 23. Februar 1799, abends um 9 Uhr, verkündeten ferne Böllerschüsse aus Böhmen den Aufbruch und die Ankunft des Eises an der sächsischen Grenze. Eine Stunde später dröhnten

Elbhochwasser am 6. September 1890 in Königstein

drei Kanonenschüsse von der Festung Königstein! Dumpf hallte der Donner durch das nächtliche enge Elbtal, brach sich mehrfach an den zerklüfteten, schroffen Felsenwänden und schreckte die verängstigten Menschen aus dem Schlaf. Noch deutlich standen ihnen die verheerenden Eisfahrten aus dem Jahr 1784 in Erinnerung. Stromab setzten die an exponierten Stellen zur Warnung postierten Kanonen ihren unheilverkündenten Dienst fort, um 23 Uhr meldete Pirna Eisaufbruch.

Am Matthiastag, nachts 1 Uhr, schließlich das gleiche in Dresden. Die alte Bauernregel »*Matthias brichts Eis, findt er keins, so macht er eins*« hatte sich wieder bewahrheitet. Schrecklich war es, als gigantische Eisbarrieren sich vor jedem Hindernis bildeten, an diesen zerrten, rüttelten und schließlich gemeinsam mit der ungezähmten Wucht des angestauten Wassers dieses durchbrach und mit wütender Flutwelle vernichtend durch das Tal tobten.

Von allen Orten im sächsischen Raum entlang des Elbstromes kündeten Meldungen von Verlusten an Mensch und Vieh, zerstörten Gebäuden und Obstgärten. Unter anderem entstanden Schäden an der Schiffsmühle in Schöna, an mehr als hundert Gebäuden in Krippen, Postelwitz, Königstein und Oberposta. Die Holzplätze der zahlreichen Händler dieser Gegend wurden abgeräumt. Ein großes Schiff des Königsteiner Schiffers Krähmer mit zwei Schiffsleuten trieb steuerlos im reißenden Wasser-Eis-Gemisch an Dresden vorbei. Man versuchte vermittels eiligst herbeigeschaffter und von der Brücke herab-

Elbhochwasser am 16./17. 3. 1940; Kahnfahrt in Königstein

gelassener Taue, diese Unglücklichen zu retten, aber vergebens! Zum Glück scheiterte das Schiff nicht, sondern strandete eine Meile stromab endlich beim Dorf Serkowitz zwischen Heger und Buhnen. Die beiden Schiffer konnten erschöpft, aber unversehrt gerettet werden.

Da die Wasserhöhe nur etwa 30 cm unter der des Jahres 1784 stand, überflutete die Elbe Gassen, Straßen und Plätze der Städte Pirna und Dresden sowie der anderen Ortschaften fast wie damals.

Am 25. Februar 1799 erreichte die Flut Dresden mit 824 cm Pegelstand. Die steinerne Elbbrücke litt diesmal mehr als 1784. Pfeiler und Bögen hatten Beschädigungen. Das Wasser trat in die Gewächshäuser der Orangerie, den Herzogin-Garten und in das Stallgebäude. Die auf 200 Jahre Alter geschätzten wertvollen Feigenbäume litten stark und starben teilweise ab. Wieder hart betroffen war das Dorf Ober- und Niedergohlis. Durch das Wasser abgeschnitten von der Außenwelt, harrten die Einwohner auf Rettung.

Am 24. Februar, früh 4 Uhr, brach in Meißen das Eis auf. Hier tobte die Flut unter allen Orten am schrecklichsten. Von Zehren herauf stauten die Schollen zurück, verstopften die Brückenfache und hielten die nachkommende Flut zurück. Durch diese Eisversetzung erreichte der Wasserstand eine Höhe, die es seit 1432 nicht gegeben hatte. Nachmittags 2 Uhr betrug sie 13 Ellen 21 Zoll Meißner Pegel, das waren ungefähr 80 cm höher als in den Jahren 1501, 1655 und 1784. Gegen 16 Uhr brach

Elbhochwasser am 16./17. 3. 1940; Königstein über der Bielabrücke

der Eisstau, der Strom kam wieder in Bewegung, die Wasserhöhe fiel um 170 cm. Am 27. Februar war die Stadt völlig vom Eis befreit, zurück blieben viele zu Bergen gehäufte schmutziggraue Eisschollen, die zum Einsturz von Gebäuden geführt hatten. 189 Häuser erlitten schweren Schaden. Der Vorsehung war es zu verdanken, daß bei all den so plötzlich eingetretenen Gefahren kein einziger Mensch umkam.

Die Schadenshöhe wurde mit 63 000 Reichstalern angegeben. Unterhalb der Stadt Meißen setzten sich die verheerenden Auswirkungen fort. In Diesbar erlitten 15 Einwohner, in Seußlitz 14 Bürger Schaden, in Merschwitz stürzte das Fährhaus zusammen. Die Häuser von Niederboritz standen zum Teil bis an die Dächer unter Wasser. Von dem Kirchturm von Strehla erblickte man nichts als Himmel und Wasser mit Eis, aus welchem nur Wipfel von Bäumen, Dächer von Gebäuden und Spitzen von Kirchtürmen hervorragten. Gleiches Grauen setzte sich stromab auch außerhalb Sachsens bis Hamburg fort.

Das Kruzifix stürzte in die Fluten

DAS GRÖSSTE HOCHWASSER der Elbe des 19. Jahrhunderts, vielleicht das gewaltigste überhaupt, wütete im Frühjahr 1845. Vorausgegangen war ein heftiger schneereicher Nachwinter mit großer Kälte im Februar. Der Elbstrom lag seit dem 20. Februar zur Eismasse erstarrt in seinem Bett. Seine mehr als 1,50 m dicke Eisdecke schuf eine sonst nicht bestehende Verkehrsverbindung zwischen den Ufern. Am ersten Osterfeiertag setzte plötzlich Tauwetter ein. Kanonenschüsse von der Festung Königstein meldeten am 27. März 11 Uhr den Aufbruch des Eises. Als erste sächsische Stadt ertrank Schandau in den Fluten. Dem Betrachter bot sich ein schauriges Bild. Die meisten Häuser standen bis zum zweiten Stockwerk unter Wasser, und nur die Zauke, als einzige Gasse, blieb verschont. Bis zum 29. März waren nicht nur Marktplatz, Kirche, Badegasse, sondern auch, was einmalig war, die obere Ringgasse bis an das Venus'sche Haus an der Ecke der Zaukengasse überschwemmt. Viele Bewohner, darunter Kinder, Kranke, Wöchnerinnen mit ihren Säuglingen, mußten durch die Fenster mit Schaluppen gerettet werden, nachdem sie angstvoll die ganze Nacht in kalten Dach- und Bodenkammern zugebracht hatten. Auf der Badegasse wurde ein Haus vom Wasser ausgehoben, ein anderes samt

Hund, Katze, Ziege und Maus in den Postelwitzer Steinbrüchen eingeklemmt.

Auch im Städtchen Königstein standen die Häuser bis zum ersten Stock unter Wasser.

In Pirna traten die Fluten erst zur sogenannten Pforte, später durch Elb- und Schiffstor herein. In wenigen Stunden war die ganze lange Gasse ein reißender Kanal. Die besorgt durchwachte Nacht brachte keine Linderung für die bedrängten Bürger des niederen Teiles der Stadt, denn noch immer stieg die Flut. Am Abend des 30. März standen fast Dreiviertel der Stadt unter Wasser. Rathaus und Kirche waren von den Wellen umschlossen. In vielen Häusern bereitete man sich zur Flucht aus der höchsten Etage in die Dachräume vor.

Am 28. März sieben Uhr morgens kam in Dresden das Eis in volle Bewegung. Gegen Mittag wuchs die Flut zusehends, Eisschollen trieben bereits durch das Ostra-Gehege. Die folgende Nacht führte mit heftigem Sturm feuchte, empfindliche Kälte ins Elbtal. Bereits am Sonntagmorgen hatte die Elbe den Stand von 1799 erreicht. Im dichten Schneegestöber blickten furchtsam die Menschen aus ihren Häusern auf die vordringenden Wassermassen. In der Antonstadt quollen die Wogen in Glacistraße, Bautzener Straße und Alaungasse bis zum Kuchenloch, in Neustadt auf Klostergasse, Meißner- und Jägerhofgasse. Von der Altstadt standen Zeughof, Fischergasse, Töpfergasse, Augustusstraße, Taschenberg, Schloß- und Theaterplatz, Zwinger, Ostra-Allee, Grünegasse und von der Friedrichstadt Seminarstraße, Adler-, Bräuergasse und Friedrichstraße unter Wasser. Es drang in Grüfte und Gräber der Eliaskirche ein. In der Nacht vom 30. zum 31. März trieben Wohnhäuser, Schuppen, Wagen, Flöße, Schiffe, Viehkadaver und Massen von Holz gegen die Brücke.

Dr. Wilhelm Schäfer berichtete als Augenzeuge in der »Chronik der Dresdener Elbbrücke ...«:

»Das Getöse der an den Eisbrechern und Bogengewölbesteinen zerschellenden Häuser, Flöße und Gerüste, deren Langholz wie Tonpfeifenröhren zerbrachen, war fürchterlich und erfüllte die Bewohner der Elbufer mit immer größerem Graus.«

Zwischen Berg- und Talseite der Brücke betrug der Wasserstandsunterschied durch den Aufstau fast zwei Meter. Die Fluten füllten die Randpfeilerbögen. Bis zum Scheitelpunkt der 8 mittleren Bögen fehlten nur noch 60 cm bis 2 m. Das Brückenbauwerk

Einsturz des Kruzifix-Pfeilers am 31. März 1845

fibrierte immer stärker. Es war die grauenvollste Nacht des Jahrhunderts für Dresden und das Elbtal. Am Morgen des 31. März stand die gesamte Dresdner Pegellatte unter Wasser. Immer reißender und tobender wurde der Strom. Es verbreitete sich das Gerücht, die Brücke habe einen Sprung. Dieser begann am nördlichen Schilderhaus des Kruzifixpfeilers und lief durch das Trottoir längs der Wasserrinne im Pflaster fort bis zum südlichen Schilderhaus. Die Brücke mußte geräumt werden. Von der aufziehenden Wachparade wurde bloß die Garde einzeln herübergelassen, die übrige Mannschaft aber zurückgezogen. Kurz vor 10 Uhr geschah es:

»Es war der furchtbare Augenblick, in dem sich der sogenannte Kruzifix-Pfeiler gleichsam von der Brücke abhob, sich nach der Altstadt zuneigte, und unter dem Aufsteigen einer Wasser- und Staubwolke in die Flut vor den Bogen, dessen Schlußstein das sogenannte Brückenmännchen trägt, sich versenkt, während das von ihm getragene metallene Kruzifix mit seinem Felsenpostamente noch vor dem völligen Sturz des Pfeilers gleichsam überbrach, und dem stürzenden Pfeiler in die Wogen voraneilte. Kurze Zeit darauf stürzte auch noch das nur locker hängengebliebene Schilderhaus und der mit Sand gefüllte Pfeiler über den Brückenwiderlagern, rollte bis zur Hälfte des Brückenpflasters nach.« (Zitiert nach W. Schäfer).

Dieses Kreuz wurde einst im Jahre 1813 bei der Sprengung eines benachbarten Brückenpfeilers vorher abgenommen und von den Russen wieder aufgerichtet, was auf einer Gedenktafel zu lesen war: *»Galli dejecerunt, Alexander I., restituit«*, d. h., die Franzosen zerstörten es, aber Alexander I. richtete es wieder auf.

Auch außerhalb Dresdens vollbrachte das nasse Element seine zerstörende Gewalt. Die Leipzig-Dresdner Eisenbahn blieb bei Niederau stecken. Die Gleise zwischen Coswig und Kötzschenbroda, bisher stets hochwasserfrei, lagen bis $^1/_2$ Elle unter dem sich ausbreitenden Wasser. Die Strecke konnte erst nach Beseitigung der Schäden am unterspülten Gleisbett wieder freigegeben werden. In Meißen hinderten unterhalb der Brücke aufgehäufte Eismassen trotz des ungeheuren Wasserdruckes den Fortgang des Eises. Dadurch stapelten sich vor der Brücke am linken Ufer, den sogenannten Kirchenfenstern und den Kapellpfeilern, die gigantischen Schollen. Trotzdem drängten die Wassermassen den Haupteisgang durch die größeren Brückenöffnungen. Am 30. März überschwemmten sie den überwiegenden Teil Meißens. In Elbnähe standen die Häuser bis zur 1. Etage unter Wasser. Um $10^1/_2$ Uhr abends faßte ein Pfeiler die Fluten nicht mehr, und diese strömten verstärkt in das Stadtgebiet. Manche Häuser steckten nun bis zum Dach unter Wasser. Auf Kleinmarkt, Jahrmarkt, Neugasse, Neumarkt, Fleischer- und Görnscher Gasse stakten die Einwohner auf Kähnen, um ihr Hab und Gut zu retten. Am 31. März hatte die Elbe fast die Höhe von 1799 erreicht. Von der Brücke waren nur noch zwei Hauptbögen offen. Die Gefahr wuchs mit jeder Stunde. So stürzte am gleichen Tage auf dem Neumarkt ein Haus zusammen, aus dem nur mit Mühe fünf Personen gerettet werden konnten. Weitere Häuser mußten geräumt und ihre Bewohner, die sich schon bis unter das Dach geflüchtet hatten, in Sicherheit gebracht werden. Im Raum Strehla kam es zu gewaltigen Deichbrüchen. Zwischen den Rittergütern Strehla-Trebnitz und Strehla-Görzig brachen die Wasserfluten durch den größten und stärksten Elbdeich und überschwemmten mit elementarer Gewalt das Rittergut Lößnig und preußische Ortschaften wie Paußnitz und Schirmenitz. In Görzig verlor der 19jährige einzige Sohn des in dem Rittergut wohnenden Hufschmiedes Kühne sein junges Leben beim Versuch, das wegschwimmende Eigentum seines Nachbarn zu retten.

Außerdem überschlugen die Fluten alle Dämme der Umgebung. Weitere Deiche brachen bei Forberge, Zschepa, Cottewitz und Trebnitz. Mit großer Anstrengung rettete der Fährmann Klinger das Vieh der Dörfer Lorenzkirch, Zschepa und Gohlis auf das sichere andere Ufer. In Mühlberg schreckten die Einwohner in der Nacht zum 31. März durch den Ruf: »Die Dämme sind durchbrochen!« auf. Der Deich, der den Schafhof des Klosters Güldenstern schützte, konnte der Wucht nicht mehr standhalten. Bereits 36 Stunden vorher überströmten die Wassermassen den fünf Minuten oberhalb der Stadt gelegenen Seedamm.

Der erste April war ein heiterer Frühlingstag. Doch die Sonne blickte auf meilenweite, verheerende Verwüstungen, menschliches Leid und Elend. Nach Absinken des Wasserstandes schuf man für die zerstörte Brücke eine Interimsverbindung zwischen

Alt- und Neustadt durch das Dampfschiff »Königin Maria«, zwei fliegende Fähren und eine Pontonbrücke, später durch eine Schiffsbrücke aus böhmischen Fähren. Die Behörden der Stadt Dresden bestimmten nachträglich innerhalb Dresdens die Wasserstände des 31. März 1845. Danach stand das Wasser am Schießhaus 80 cm, was heute noch auf einer Tafel zu sehen ist, an der Friedrichstraße/Ecke Brauergasse 66 cm, auf der Luisenstraße 52 cm hoch. Der Höchststand am Dresdner Pegel betrug danach 877 cm.

Als Folge dieser Hochwasserkatastrophe begann man in der 2. Hälfte des 19. Jahrhunderts ab 1861 Regulierungsarbeiten des Elbstromes auf 122 km Länge.

Die Überquerung der Elbe beim Hochwasser am 31. März 1845 durch Carl Gustav Carus
(entnommen aus »Flügel der Morgenröte«, von K. A. Findeisen)

»Tagelang anhaltende Regengüsse, durch die erfahrungsgemäß im Frühjahr die Landstraßen in Moräste verwandelt wurden, hatten den Medizinalrat Carus bewogen, seine Reise in die Lausitz, wohin ihn seine weitverbreitete Praxis beordert hatte, nicht mit eigenem Pferd und Wagen auszuführen. Er hatte sich zum Besuch einer schwer erkrankten adligen Patientin, die ein Schloß bei Bautzen bewohnte, von einem Fuhrwerksbesitzer der Neustadt fahren lassen. Auf dieselbe Weise zurückkehrend, waren bereits hier und da stark angeschwollene Wasserläufe zu überwinden gewesen. Als er, bei den Stallungen seines Rosselenkers hinter der Dreikönigskirche angekommen, seinen Weg nach der Brücke einschlug, bemerkte er an der Aufgeregtheit der Leute, daß etwas Außergewöhnliches im Gange war. Daß die Elbe alljährlich nach Eisbruch und Schneeschmelze und nach reichlichen Märzniederschlägen mächtig anzuschwellen pflegte, war man gewöhnt. Auf die ungestüme Art aber, mit der sie diesmal ihre Hochflut herangewälzt hatte, und die hemmungslose Gewalt, mit der sie auf beiden Seiten über die Ufer trat, konnten sich die ältesten Einwohner nicht besinnen.

Als Carus sich dem steinernen Blockhaus zur Rechten der Brückenauffahrt näherte, mußte er bemerken, daß bereits ein Teil des Brückenkopfes überschwemmt war. In den benachbarten Gebäuden, zum Beispiel in dem Saturnhaus, wo sich ehedem Bogenhardts Antiquitätenladen und Uhrengeschäft befunden hatten, standen Keller und Erdgeschoßräume schon unter Wasser. Eine unübersehbare Masse Menschen staute sich hier, wo überall schnell errichtete Notübergänge und Plankenstege von eiligen Wellen unterspült wurden. Der Zugang zur Brücke, die nur noch mit ihrem gebogenen Rücken der Flut entragte, war durch Militär abgesperrt. Dem Arzt fiel es aufs Herz, daß seine Angehörigen drüben in der Altstadt sich um ihn ängstigen würden. Auch hatte ein Besuch im Schloß bei der Prinzessin Johanna, die vor drei Tagen von einer Tochter schwer entbunden worden war, in der Absicht seiner leibärztlichen Verpflichtung gelegen.

Wie aber sollte er hinüberkommen? Da entdeckte er mitten in der Menge einen weißhaarigen, ihm gut bekannten Oberbibliothekar. Mit dem besprach er sich, worauf der alte Herr sich erbot, ihn ins Blockhaus zu geleiten, wo der ihm befreundete Kriegsminister seine Amtszimmer hatte. Glücklicherweise war dieser, dem der hochangesehene königliche Leibarzt kein Unbekannter, persönlich anwesend. Kaum hatte Carus die Absicht von fern angedeutet, der Prinzessin einen Krankenbesuch abzustatten, als der Minister ihn selber zur Sperrkette brachte und, mit auf Brettern und Planken balancierend, die äußersten Wachtposten instruierte. Ob er dem Herrn Medizinalrat einen Pionier zur Begleitung mitschicken solle, fragte er nach einem bedenklichen Blick auf das Wasserwesen da draußen. Als das Angebot dankend abgelehnt worden war, entließ er den unerschrockenen Zivilisten mit einem anerkennenden Händedruck: *›Mögen Sie gut hinüberkommen!‹*

Der Arzt, als einziger Mensch auf die umtoste Brücke hinaustretend, sah nun wohl, daß ihm ein Abenteuer zubereitet war, das von der gelehrten Ordnung und dem vornehmen Behütetsein seines bisherigen Lebens unheimlich abstach. Vor ihm wirtschaftete unabsehbar eine einzige, den weiten Raum bis zu den verschwommenen Umrissen der Altstadt füllende und beherrschende gelbe Flut, die gegen die Kanzeln der steinernen Pfeiler wühlte und die runden Ausbuchtungen hier und da mit Schaum überspritze. Sollte er zurück? Nein, das ging ja wohl gegen seine Mannesehre! Es war ihm, wie er nun in der Mittellinie der Brücke dahinschritt, als bewege sich die ganze, leicht ansteigende Fahrbahn mit ihm gleich einem grauen magischen Schiffskörper vorwärts, indes unweit zur Linken und Rechten eine ungewisse, rauschende, feuchtglänzende Masse sich als zweigeteilte Fläche in geheimnisvollen Strudeln auf der Stelle zu drehen schien. Nicht er schritt auf die Altstadt zu, sondern die Altstadt kam ihm mit schwankenden Konturen entgegen, je mehr er sich der Höhe der Brücke näherte. Hier aber spürte er deutlich – die Strömung schmetterte gerade die Dachbalken eines mitgerissenen Hauses gegen die Brustwehr –, daß das steinerne Gefüge unter seinen Füßen verhalten zitterte. Die Gefahr, mit der er als einziges menschliches Wesen im weiten, farblosen Raum tödlich allein war, wurde ihm derart jäh bewußt, daß schrittelang sein Herzschlag stocken wollte. Eine Flut unterschiedlichster Gedanken schien ihm das Hirn zu überspülen.

Neben Lebensgefahr und Tod in zerwühlten Bettlaken hatte er oft gestanden und hatte sich berufen gefühlt, dem Fieber unholder Mächte Einhalt zu gebieten. Nun langten die unholden Mächte gleichsam nach seinem Puls. Mit den verborgenen Kräften und Ingredienzien der Erde, des Feuers, des Wassers hatte er sich oft verbündet in der Überheblichkeit seines medizinischen Berufs; nun ließ zum mindesten eins dieser Elemente ihn mitleidlos seine elementare Überlegenheit spüren ... Er hatte die Höhe der Brücke hinter sich. Bedenklicherweise wurde die Fahrbahn jetzt häufiger als vorher von der Flut überstrichen. Zeitweilig schritt er über überrieselten Steinen. Zur Beruhigung kamen die Konturen der Altstadt immer deutlicher auf ihn zu, die Brühlsche Terrasse, das Schloß, die katholische Hofkirche. Der ekstatische steinerne Anachoret da oben auf der Balustrade der Kirche, fuhr es ihm durch den Sinn, gestikuliert er nicht, als predige er der grauen Wasserwüste? Predigte er etwa gar wie der heilige Antonius den Fischen? Und da, viel näher, rechter Hand vor ihm: das große vergoldete Kruzifix des fünften Strompfeilers, an dem der überlebensgroße Christus hängt, das fromme Brückenwahrzeichen! Ragt es nicht wie etwas Unumstößliches aus dem Schwall, ragt es nicht wie ein Prinzip der Unverwüstlichkeit, ragt es nicht wie ein Trost? Einem Kirchengläubigen in meiner Lage wäre geholfen, mußte er denken, ein solcher würde jetzt mit der Inbrunst seiner Wünsche das Kreuz umklammern, und schon wäre er halb aus der Gefahr. Unsereiner, mußte er denken – und fast war diese Vorstellung eine winzige Dosis Selbstironie beigemischt –, unsereiner muß sich an den Weltgeist klammern und weiter Schritt vor Schritt setzen, wenn auch immer eiliger, unsereiner muß sich mit dem Prinzip des Meisters behelfen, daß nichts in der Welt ins Nichts zerfallen kann, unsereiner – Großer Gott, wankte da nicht das goldene Kreuz, mit dem er sich im Augenblick auf einer Höhe befand? Unwillkürlich machte er ein paar Sätze vorwärts, daß die Pfützen unter seinen Füßen aufspritzten. Großer Gott, wurde nicht rechts hinter ihm das allgemeine Rauschen, an das sich sein Ohr wohl oder übel gewöhnt hatte, durch ein dumpfes Gurgeln unterbrochen, das aus gefährlichster Tiefe kam? Verschwand hinter ihm nicht das Kruzifix in der Wasserflut, während ganz deutlich, viel spürbarer als vorhin, das steinerne Gefüge unter seinen Füßen erbebte? Zugleich aber vernahm er einen neuen Lärm, einen Lärm aus der Atmosphäre, einen vom Altstädter Brückenkopf auf ihn eindringenden Stimmenschwall. Die Brühlsche Terrasse, die obersten der Terrassenstufen, die Gangbahn, die rechts bei den Häusern des italienischen Dörfchens zum Zwingerwall anstieg, war schwarz von Menschen, von Tausenden von Menschen mit offenen Mündern, wie er immer deutlicher erkannte. Diese tausend Münder vereinigten sich zu dem Stimmschwall, der nun aus einer beruhigenderen Atmosphäre auf ihn eindrang, indes das Tosen der Wasserwüste hinter ihm mehr und mehr verebbte. Seinen letzten Sätzen streckten sich Hände entgegen, Hände, die von Planken her nach ihm faßten. Hände, die aus wankenden Booten kamen. Er faßte einige dieser Hände, er wurde von einem Brettersteg mehr herabgerissen als gezogen, er schwankte in einem Boot, das ihn der Terrassentreppe zusteuerte, er stand, von erregten Menschen umstaunt, umdrängt, umjubelt, auf einer der Terrassenstufen, er atmete tief auf, er war gerettet. Mit wild durcheinanderwirbelndem Gefühl blickte er zurück auf die durchmessene Strecke. Ja, aber wie war das? Die Brücke stand ja noch! Freilich suchte die tobende Flut gierig genug, vielleicht noch gieriger als vorhin, die Brüstungen zu überschäumen und zu überklettern. Noch immer stemmte sich die Bahn der Brücke wie ein Stauwehr dem Vernichtungswillen des Elements entgegen. Jedoch das Kruzifix? Das blieb verschwunden, das hatte die Flut tatsächlich verschluckt und mit ihm die steinerne Ausbuchtung des fünften Pfeilers samt Geländer und Schilderhäuschen der Wache. Das wurde ihm jetzt von tausend Stimmen bestätigt, klar. Sonderbarerweise handelte es sich dabei um die Ausbuchtung eines Pfeilers, welcher der dem Anprall des Wassers abgewandten Brückenseite zugehörte. Jetzt erst wurde sich Carus bewußt, daß ihm Schweiß aus allen Poren drang und daß ihm eiskalte Schauer den Rücken herunterrieselten. Er zog seinen Mantel auf der Brust zusammen und bahnte sich seinen Weg die letzten Stufen empor. Er gedachte, zunächst einmal seinem in der Borngasse gelegenen Hause zuzueilen, das über die Terrasse mutmaßlich trockenen Fußes zu erreichen war. Nachdem er sich den Seinigen als Lebender präsentiert, würde er von der Stadtseite her ins Schloß zu gelangen suchen. Man hatte ihm berichtet, daß sogar der Neumarkt überschwemmt sei, daß man aber im Stadtinnern den Verkehr mit Booten notdürftig aufrecht erhalte. So stand dem also nichts im Weg. Der Plan wurde entsprechend ausgeführt.«

Nachdem der Elbestrom in der zweiten Hälfte des 19. Jahrhunderts durch bauliche Maßnahmen in ein Korsett eingeschnürt wurde, damit die Schiffahrt besser abgesichert und Hochwasser gefahrloser abgewiesen werden können, mußte es sich bereits 1890 bewähren, als vom 2. bis 4. September ein im

Südosten von Mitteleuropa gebildetes Schlechtwettergebiet zu ergiebigen Niederschlägen im Bereich der Oder, Weichsel und oberen Elbe führte. Der Wasserstand der Elbe begann in Dresden am 3. September stündlich um 10 cm zu steigen und erreichte am 6. September an der Augustusbrücke eine Höhe von 837 cm. Rund $^1/_4$ Million Kubikmeter Wasser strömten in der Minute mit urwüchsiger Gewalt unheilbringend durch das Elbtal, drangen in die elbnahen Straßen der Dresdner Altstadt und der inneren Neustadt und verursachten abermals große Schäden. Seit diesem Ereignis wurden die acht Meter in Dresden nicht mehr erreicht.

Katastrophentouristen im Schwarzwassertal

NUR ZÖGERND wich die Dämmerung dem Morgen. Fahlbleich tauchte die Sonne hinter einem milchigen Dunstschleier die von dichten, dunkelgrünen Wäldern bedeckten Berge des Erzgebirges in ein gespenstisches Licht. In die tiefen, schluchtartigen Täler verirrte sich selten ein Strahl. Das am Fichtelberg entspringende Schwarzwasser nimmt auf seinem Weg das vom benachbarten Auersbergmassiv sprudelnde Wasser des Breitenbaches, des Jugel- und Pechöfenbaches und des Schwefelbaches auf. Mit vereinter, ungezähmter Kraft bewegen die energiegeladenen, silberklaren Wellen eine Reihe malerisch in den Talgrund hineingezauberten Mühlen. Ihre grobschlächtigen Wasserräder kündeten mit ihrem Klappern vom Fleiß des Erzgebirglers. Die bleierne, schwüle Hitze setzte den schwer arbeitenden Menschen sehr zu. Gegen Mittag wälzte sich finsteres Gewölk vom Süden her über die Berggipfel. Schwarzgraue Nebelschwaden fegte der plötzlich einsetzende, böige Wind durch die sich entgegenstemmenden Baumwipfel. Von des Donners Stimme hallten in der Ferne die Berge wider, drohend sich nähernd. Alles hoffte auf eine erfrischende Dusche.

Noch lebte in der Erinnerung vieler Bewohner des Schwarzwassertales das verheerende Hochwasser vom 31. Juli 1897, das im Erzgebirge seitdem nur von der Hochwasserkatastrophe am 7. August des Jahres 1908 in Wildenthal, Carlsfeld und Blauenthal und dem vor fast genau vier Jahren über den Tälern von Müglitz und Gottleuba niedergegangenem furchtbarsten Unwetter übertroffen wurde. Da wiederholte sich am 6. Juli 1931 eine Naturkatastrophe mit Ausmaßen eines längst vergessenen Spektakels, das sich hier am 5. und 6. August 1661 zugetragen hatte.

Beim Lehmgrund, über dem Kleinen Kranichsee, entlud sich ein Wolkenbruch, dessen ungeheure Wassermassen im Schwarzwassertal großes Unheil anrichteten. Urplötzlich, es war gegen 6 1/2 Uhr abends, begann das Flüßchen beängstigend zu steigen. Auf den schmutzig-braunen Fluten, die mit ungeheurer Wucht daherschossen, schaukelte eine Un-

Zerstörte Brücke im Schwarzwassertal, 6. Juli 1931

menge von Schleifhölzern, die den Eindruck eines kilometerlangen Floßes erweckten. Wer das nahende Hochwasser nicht zufällig sah, der wurde bald durch ein bis zum Marktplatz vernehmbares Rauschen der entfesselten Fluten aufmerksam und lief eiligst zum nahen Ufer hin. Das Wasser stieg zusehends und erfaßte die Holzlager in Schwarzenberg. Die mit kolossaler Wucht heransausenden Baumklötze und Bretter rammten Brücken, Masten, Mauern, Häuser und Straßen und setzten die Brückenöffnungen zu. Nun schoß das wilde Wasser über die erhöhten Ufermauern und überschwemmte Straßen, ersäufte Keller und Wohnungen, Gärten und Baulichkeiten, zerstörte alles, was im Wege war. Die Beierfelder Feuerwehr, die in Schwarzenberg Hilfe leistete, rettete einen im Erdgeschoß des Ottersteingebäudes eingeschlossenen, um Hilfe schreienden Mann. Die Hochwassermarke von 1897 an der Bad Ottenstein-Brücke war schon erreicht, da stieg das Wasser noch über einen Meter. Die Wohnung des Stadtgärtners im Erdgeschoß Badwiese Nr. 2 stand knapp zwei Meter im Wasser. Die Flut räumte alle Hindernisse weg, stürzte Mauern um, schob zentnerschwere, eiserne Maschinen große Stücke weit, riß Häuser und Schuppen halb auseinander und führte sie mit fort, zerstörte Brücken und Bahndämme und bog die Schienenstränge wie Blechstreifen. Die eiserne, 12 Meter lange Brücke beim Wasserstoffwerk lag weiter unten bei der Graf'schen Schneidemühle. Zwischen $^1/_2$ und $^3/_4$8 Uhr erreichte das Hochwasser in Schwarzenberg seinen

Verlegtes Flußbett zwischen Antonsthal und Breitenbrunn, 6. Juli 1931

Höhepunkt. Dann begann das Wasser langsam wieder zu sinken. Jetzt erst konnte man sehen, was alles die reißenden Wogen in ihrer elementaren Gewalt zerstört hatten. Das Flußbett glich einem Steinmeer. Am folgenden Morgen konnten die leidgeprüften Einwohner, nach einer schlaflosen Nacht, mit Schaufeln und Eimern bis zu den verschlammten Räumen vordringen. Tagelang schleppte man hunderte von Eimern dickflüssigen Schlamm und Sand heraus. Fieberhaft wurde gearbeitet, um die Wohnräume wenigstens einigermaßen in Ordnung zu bringen, um die Straßen von Schlamm zu befreien und Brücken wieder passierbar zu machen.

Am Tage nach der Katastrophe, bereits in den frühen Morgenstunden, begann der Zustrom von

Fremden, der neugierigen Katastrophentouristen, in das vom Unwetter heimgesuchte Gebiet, um sich die grauenerregende Wirkung der Fluten anzusehen oder im Bild festzuhalten. Die Zwickauer Zeitung vom 8. Juli 1931 berichtete über die Verwüstungen im Schwarzwassertal oberhalb von Schwarzenberg. Danach bot das 18 km lange Tal bis Johanngeorgenstadt den Anblick eines einzigen Trümmerfeldes. Die Schleifmühlen in der Nähe von Lauter waren weggetrieben. Alle tiefer gelegenen Gebäude haben unter Wasser gestanden. Die Straße nach Erla-Anthonsthal ist unpassierbar. Die Flut hat sie teilweise gänzlich verschluckt. In doppelter Manneshöhe hängen im Geäst der knorrigen Bäume am Fluß Bretter, Baumwurzeln und Heuhaufen, die die meterhohe Flut vom Gebirge mitgebracht hat.

Wie rasend schnell das Wasser herannahte, ist daraus zu erkennen, daß die Bahnverwaltung Schwarzenberg den $^{3}/_{4}$ 7 Uhr Zug nach Johanngeorgenstadt abfahren ließ. In der Nähe der Ziegelhütte bemerkte der Zugführer die nach oben drängende Flut, und etwa 100 Meter weiter war der Zug von der ersten Welle, die sich in einer Breite von 60 bis 100 Meter talwärts wälzte, umfaßt. Die Fahrgäste ergriff grenzenlose Panik. Sie stürzten sich aus dem Zug und retteten sich teils über schnell herbeigebrachte Leitern, teils durch Waten in den wütenden Wassermassen auf die benachbarten Höhen. Beim »Schützenheim« wurden die Gleise unterspült. Je weiter man in Richtung Erla vordrang, desto grauenhafter gestaltete sich das Bild. Die entlang des

Unterspültes Gleisbett der Eisenbahnstrecke Antonsthal–Breitenbrunn, 6. Juli 1931

Schwarzwassers führende Bahnlinie war vollständig unterwühlt. Zehn und zwanzig Meter lang hingen die Gleise frei in der Luft. Die Häuser am Wasserlauf waren schwer beschädigt. Die Felder, verschlammt und breitgewalzt, machten eine erschütternden Eindruck. An einer Stelle war die Straße buchstäblich wie vom Erdboden verschluckt. Die Brücken fehlten so gut wie sämtlich.

Irgendwo in der Trümmerwiese aus Schlamm und Wasserlachen, Geröll und geknickten Telegraphenmasten und angespültem Hausrat, stand jener letzte Zug aus Schwarzenberg, der vom Wasser überrascht wurde; fünf Personenwagen und die Lokomotive auf schwankendem, von den Fluten ausgehöhltem Gleissteg. Er konnte weder vorwärts noch rückwärts herausgezogen werden, da die Gleise überall auf weite Strecken in der Luft hingen. Das Zugpersonal hatte Schreckensstunden in der Eisenbahn verbringen müssen, weil unter den Reisenden ein transportunfähiger Kranker war. Erst um Mitternacht konnten auch sie den Zug verlassen.

Über Antonsthal, das gänzlich von jedem Verkehr abgeschnitten war und besonders unter Trinkwassermangel zu leiden hatte, erfuhr man Furchtbares. So gut wie kein Haus soll von der Überschwemmung verschont geblieben sein. Schlimm hatte das Unwetter in dem großen Sägewerk der Firma Weidemüller gewütet. Die Naturgewalten rissen die Front des zwei Stockwerke hohen Wohnhauses mit. Eine alte Frau, ein junges Ehepaar und ein Kind, die in diesem Haus

Ausbau des zerstörten Flußbettes an der Eisenbahnstrecke Antonsthal–Breitenbrunn

wohnten, befanden sich in höchster Lebensgefahr. Sechs beherzte Männer bildeten eine Kette und retteten in zweistündiger harter Arbeit alle Hausinsassen. Sanitäter, Feuerwehren, Abteilungen der technischen Nothilfe, Reichsbahner standen helfend der leidgeprüften Bevölkerung bei. In der Nähe von Breitenbrunn wurde der Schienenstrang hunderte Meter bloßgelegt, und die Gleise mit den Querschwellen starrten wie Fischgräten in die Luft. Die Mühlen wiesen schwere Gebäudeschäden auf. Die gewichtigen Mühlsteine wurden meilenweit ins Land verschleppt.

Am schlimmsten zeigten sich die Zerstörungen in Wittigsthal und Jugel. Sämtliche Gebäude wurden entfriedet. Geröll, das bei einem der Häuser bis ans Dach reichte, Möbel und Hausgeräte bildeten ein einziges Chaos. Dazwischen hockte die Bevölkerung noch müde und schreckensbleich oder suchte verzweifelt, ihr Hab und Gut zu retten. Sämtliche Brücken des Ortes waren weggerissen, mit ihnen die eingebauten Gas-, Licht- und Kabelleitungen und die meterdicken Kanalisationsrohre. Übermannshoch hatte sich in diesem engen Tal die Flut durch den Ort gewälzt und, was ihr in den Weg kam, erbarmungslos vernichtet. Die neue Wittigsthaler Brücke, eine Betonbrücke für den Fahrverkehr, hatte die Flut in drei Teile geteilt. Vor dem Wittigsthaler Hof, wo das Wasser zwei Meter hoch stand, wurden zwei Autos nahezu hundert Meter weit von den Fluten fortgerissen und umgestürzt. Die Straßen, besonders die nach Jugel, bestanden nur noch aus einem Konglomerat von Schottersteinen.

Das Maß der Verheerung ist in Unterjugel erreicht. Vier am Fluß gelegene Häuser sind unterspült und nahezu restlos weggeschwemmt. Darunter auch die kleine Bauernwirtschaft des Fabrikarbeiters Hänel. Als die nasse Wut heranbrauste, schickte er Weib und Kind schnell weg, um sie vor der entsetzlichen Gefahr zu schützen. Er selbst wollte noch seine beiden Kühe retten. Dabei wurde er mit ihnen von der blindwütigen Last fortgedrückt. Am Abend konnte man nur seine Leiche und später auch seine beiden toten Kühe beim Wehr der Farbmühle bergen. Die Straßen zerwühlt, aufgerissen und voller Trümmer, glichen einem Schlachtfeld. Seit mehr als drei Generationen hatte die Johanngeorgenstädter Gegend eine solche Katastrophe nicht erlebt. Das Tosen des Wassers beim Hereinbrechen in den friedlichen Ort dröhnte so laut, daß es Sturmglocken und Sirenen übertönte. Nur dem glücklichen Umstand, daß es noch vor der Dunkelheit hereinbrach, ist es zu verdanken, daß nicht mehr als ein Menschenleben zu beklagen war.

Alle dreißig Jahre wieder!

(Eine Naturtragödie in drei Akten)

PROLOG: DIE UNWETTERKÜCHE. Weit im Süden, über dem azurblauen Mittelmeer, brauen sich im Hochsommer feuchtheiße Luftmassen zusammen, saugen begierig aus der subtropischen Suppenschüssel Unmengen von Wasserdampf auf. Angetrieben durch die von der glühenden Küste Afrikas herüberwehenden sengenden Winde bewegen sich die reichgesättigten, düsteren Wolken nordwärts über das trockene Italien. Die mächtigen, steil aufragenden Alpengipfel sind das erste Hindernis, an dem die prallgefülltesten bereits scheitern. Einigen gelingt es, sie ostwärts zu umschweben, andere zwängen sich durch die Gebirgspässe, dabei über den Firnfeldern der Gletscher ihre wäßrige Ladung ergänzend. Fast schon erschöpft, verwehrt ihnen das jäh aus dem böhmischen Becken aufragende Erzgebirge den weiteren Weg. Der Wolkenknäuel hebt sich höher und höher. Durch die eigene Schwere immer wieder niedergedrückt, bleibt er unheilverheißend am Gipfelkamm hängen. Unter gewaltigem Blitz und Donner entlädt sich tobend und wild der Wolkenkoloß. Losgelassen werden ungeheure Wassermassen, die sich mit fürchterlicher Wucht über die trotzigen Berge ergießen und immer wieder zu Sachsens Hochwasserkatastrophen führen.

Die in der Erinnerung haftenden berüchtigsten

Unwetter ereigneten sich jeweils im Juli der Jahre 1897, 1927 und 1957. Die Wetterkundler verleihen den Tief- und Hochdruckgebieten nicht nur Namen, den unheilbringenden Tiefs weibliche, sondern ordnen sie auch nach bestimmten atmosphärischen Zugstraßen. Die hier beschriebene, oft verderbliche Wettersituation, bewegt sich auf der Straße Nr. Vb, vom Mittelmeer über Italien und trifft bevorzugt auf das Osterzgebirge.

1. Akt: Sachsen unter Wasser!

Das scheidende 19. Jahrhundert brachte im Juli 1897 für die Flüsse Sachsens nochmals ein verheerendes Hochwasser. Wolkenbruchartige, zum Teil mit Gewittern begleitete Regenfälle zwischen Elbe und Oder hatten am 29. und 30. Juli 1897 ihren Höhepunkt. Innerhalb eines Tages fielen vom Vogtland bis zur Lausitz mehr als 12 Eimer Wasser auf einen Quadratmeter.

Zwischen Berggießhübel und Pirna war die Bahnlinie auf drei Kilometer Länge durch die Gottleuba überschwemmt, der Verkehr völlig eingestellt. Der Bahnkörper der Müglitztalbahn stand von Geising bis Niederschlottwitz unter Wasser. Die Weißeritz zerstörte im Rabenauer Grund die Eisenbahnstrecke nach Dippoldiswalde. Auch von der Triebisch im Raum Meißen werden große Schäden gemeldet. Der Beilage zum Chemnitzer Tageblatt und Anzeiger vom 1. August 1897 ist zu diesem Ereignis folgendes zu entnehmen:

»In Chemnitz dürfte kaum je eine Überschwemmung in solchem Maße vorgekommen sein, wie diese.«

Weißeritzhochwasser 30./31. Juli 1897 in Freital-Deuben; teilzerstörtes Wohnhaus, An der Weißeritz

Weiter wird berichtet, daß große Teile von Altchemnitz, die Zwickauer Straße/Ecke Stollbergstraße, Schloßstraße und Promenadenstraße überflutet sind. Der Schloßteich trat über seine Ufer, die Insel stand unter Wasser, und vom Schloßteichrestaurant bis zur Sächsischen Maschinenfabrik wurde der Damm überströmt. Gegen 5 Uhr griff die Feuerwehr auf Anordnung des Bürgermeisters ein. Der Straßenbahnverkehr mußte eingestellt werden, da das Krafthaus unter Wasser stand. Das umliegende Land meldete unter anderem, daß im Lößnitztal acht Arbeiter ertrunken sind, in Zwönitz schätzte man das Hochwasser vom 30. Juli 1897 als das größte seit 1858 ein. Unterhalb Dittersdorf wurde der ganze Talboden zum Strom, zwischen Meinersdorf und Gornsdorf raste das Wasser durch alle drei Durchlässe der Eisenbahn. In Zwickau stand am 31. Juli die Nordstadt unter Wasser, die Mulde stieg seit dem Vortag um 2 Meter.

Von Zschopau und der Freiberger Mulde trafen ähnliche Schreckensmeldungen ein. Döbeln erlebte das größte Hochwasser dieses Jahrhunderts, es ruhte aller Verkehr und alle Arbeit. Die Mühlen in den Muldendörfern standen bis zu den Dächern im Wasser. Am 2. August ergab ein Vergleich der Hochwassertafel vom 9. Juli 1854 an der Staupitzmühle-Torschreiberhaus, daß das Julihochwasser 1897 1,20 m höher lag. Der Grimmaer Pegel überschritt mit 490 cm den Hochwasserscheitel vom 1. August 1858 um 9 cm. In der Lausitz erreichte das Hochwasser des Löbauer Wassers und der Mandau das Ausmaß von dem des Jahres 1880. Die Spreedörfer Wehrsdorf, Sohland, Taubenheim standen unter Wasser. Mehr als zehn Eisenbahnbrücken widerstanden nicht der Kraft der Wassermassen der Neiße.

Durch den großräumigen Niederschlag stieg auch die Wasserführung der Elbe. Von Gottleuba und Müglitz flossen ihr fast 400 Kubikmeter pro Sekunde zu, das entspricht der hundertfachen Menge der sonst harmlosen Gebirgsbächlein. Telefonische Warnungen trafen von den böhmischen Anliegern aus dem Gebiet der Oberelbe ein, Badeanstalten in Dresden wurden ans Ufer gezogen. Vom 29. bis 31. Juli 1897 stieg der Wasserstand in Außig um knapp 6 Meter. Am 2. August passierte der Hochwasserscheitel der Elbe mit 708 cm den Pegel Dresden. Als Folge dieses Hochwassers richteten die

Behörden im folgenden Jahr im Osterzgebirge Wasser-Meßstellen mit Gefahrenmarken A, B, C, D, E ein. Wanderer können noch jetzt vereinzelt diese Metallschilder bewundern.

2. Akt: Rette sich wer kann!

Der 8. Juli 1927 war ein brühheißer Tag. Schon am frühen Morgen schwitzten die Leute. In den Städten dampfte der Asphalt, es stank nach Teer, Benzol und Staub. Alles wartete auf Kühle, auf einen schnellen Regenguß, der die Luft frisch macht. Am frühen Nachmittag zeigten sich Wolken am Horizont, türmten sich auf in strahlend weißen Haufen. Ein plötzlicher Sturmwind jagte sie über den Himmel. Als schwarze Ballen schoben sie sich heran und lagerten sich dro-

Weißeritzhochwasser am 31. 7. 1897 in Dresden-Löbtau, sog. Böhmische Villa

hend über das Land. Jeder erwartete in der nächsten Minute das ärgste Gewitter. Aber nichts geschah. Vom Sturm gepeitscht, verschwand das Gewölk. Dann rollte und grollte es fern. Dicht unterhalb der Kammhöhe des östlichen Erzgebirges zwischen Kratzhammer und Kleinliebenau, dort wo Gottleuba und Müglitz ihre Quellbäche haben, ging das Unwetter nieder. Den Leuten da oben kam es überraschend. Sie waren so mit ihrer Heuernte beschäftigt, daß sie erst flüchteten, als aus giftig grünen Wolken ein Sturzregen prasselte und schwefelgelbe Blitze über die Wiesen hinzuckten. Dann wurde es finster wie zur Nacht. Die dicken, schweren Wolken brachen auseinander, und die Erde ertrank in einer Regenflut. Die Wiesenhänge hinunter schoß das Wasser, Heuhaufen tanzten obenauf, drehten sich in Wirbeln, immer talab, talab über Haferfelder und Kartoffeläcker. Wie das wühlte und zerrte und alles mitriß! Eine schmutziggelbe Flut wälzte sich die Feldwege entlang, grub sich ein, fraß sich durch bis auf den nackten Felsgrund. Von allen Seiten kamen die Sturzbäche, schäumten zusammen und machten das armselige Flüßchen im Nu zu einem reißenden Strom. Der Oelsener Dorflehrer Löffler zeichnete regelmäßig Wettererscheinungen auf, so auch Gewitter und Regen. Von ihm wissen wir, daß zwei Platzregen die Katastrophe bewirkten. Der erste dauerte von 17 Uhr bis 19 1/4 Uhr. Der zweite Platzregen erreichte seine größte Intensität 22 1/4 Uhr über einen Zeitraum von 25 Minuten. Im Haberfeld war der Regen am heftigsten. Es soll nicht wie aus Kannen, sondern wie aus Eimern gegossen haben.

Hochwasser im Osterzgebirge am 8./9. Juli 1927; Sonntagmorgen in Berggießhübel

Bewohner berichteten: *»Es war, als ob mir 20 oder 25 Liter Wasser über den Kopf gegossen würden, als ich versuchte, zu meiner Scheune zu gehen«.* Der Förster vom Haberfeld schilderte, daß er die Tür vor den herabstürzenden Wassermassen nicht habe öffnen können. *»Es war, als ob man mitten im Wasser stünde. Es nahm einem die Luft. Man sah weiter nichts als Wasser, wenn es aufblitzte.«*

Während Blitz auf Blitz vom Himmel zuckte und gräßliche Donner die Erde erschütterte, sprang plötzlich das gelbe Wasser durch Fenster und Tür, und wer nicht Hals über Kopf aus dem Haus durchs Wasser die Hänge hinauf flüchtete, der war verloren. Der wilde Strom packte die tiefgelegenen Häuser von allen Seiten, hetzte seine Wassermassen dagegen, daß die Wellen schäumend an den Wänden emporsprangen und mit Getöse in die Stuben stürzten. Telegraphenmasten und entwurzelte Straßenbäume schossen in der Strömung flußabwärts, prallten an die Häuser mit dumpfem Gekrach, einmal und noch einmal und immer wieder. Die Ziegel zerbrachen unter den fortwährenden Stößen. Das Wasser drängte sich durch und wühlte und spülte, bis das ganze Mauerwerk mürbe wurde und dem unheimlichen Druck nachgab.

Weiter unten im Ölsengrund stand die Paustmühle. Plötzlich sagte ein Gast zum Müller: *»Gucke mal, dort kommt's Elend rangewalzt.«* Die Fluten bestürmten das Haus wie eine Burg und zerstörten es in wenigen Minuten. Oberhalb der Orte Gottleuba und Berggießhübel treten Felswände dicht aneinan-

Hochwasser im Osterzgebirge; zerstörte Eisenbahnstützmauer und Flußbett der Müglitz (1927)

der heran, und die Gottleuba muß sich mühsam hindurchzwängen, ehe sie sich in die Städte ergießen kann. Hier wurde der Hochwasserstrom in seinem Sturm durch den Talgrund gehemmt. Die Flut preßte sich in die Felsengen hinein. Stämme, Balken, Bretter konnten nicht schnell genug hindurchschlüpfen, blieben hängen und verrammelten den Ausgang. Ein Wehr entstand. Eine Staumauer wuchs in die Höhe, wurde mächtiger und mächtiger. Der Strom baute sich in unheimlicher Geschwindigkeit auf. Und das Wasser staute sich an, zwei, drei, fünf Meter hoch, und drängte und drückte, bis schließlich doch alles zerbarst und eine Riesenwelle in die Talmulde hineinstieß, alles unter sich begrabend. So wurde die Stadt Gottleuba, so Berggießhübel vom Hochwasser überfallen. Der Warndienst aus dem Ursprungsgebiet der Katastrophe funktionierte, bis Telegraphen- und Telefonleitungen zerstört waren. Mit der Warnung *»Rette sich wer kann«* erhielten die Bewohner von Berggießhübel, Zwiesel und weiter unterhalb die letzte Meldung, daß sich ein zweites, noch viel größeres Hochwasser heranwälzte. Die Meldung kam mindestens eine halbe Stunde vor dessen Eintritt, und viele Talbewohner hatten das Glück, diese Warnung rechtzeitig zu erhalten und verdanken dieser ihr Leben.

Stumm, verbittert sahen sie von den Hängen dem grausigen Schauspiel zu, wie die Fluten ihnen Hab und Gut zerstörten. Den einen fielen die Augen zu, anderen ließ die Sorge vor dem Morgen keinen Schlaf finden. Da ballten sich oben im Gebirge die

Hochwasser im Osterzgebirge; zerstörter Schuppen der Firma Leinbrock, Kaffeemühlenfabrik in Gottleuba (1927)

Wolkenmassen noch einmal zusammen. Aufs neue prallten die Gewitter aufeinander. Wieder stürzten die Wassermassen vom Himmel und jagten die Fluten von Gottleuba und Müglitz in die Höhe. Kein Fernsprecher konnte mehr warnen. Die elektrischen Leitungen waren bereits durch das erste Gewitter vielfach zerstört. Es war stockfinster. Nur beim Aufleuchten der grellen Blitze konnte man mehr vermuten als sehen, was sich draußen ereignete. Im Haberfeldwald floß das Wasser zollhoch über den Waldboden und die Wege ab. In Fürstenwalde sah man, wie die Blitze sich auf dem flächenhaft abfließenden Wasser der Hänge fahlgelb spiegelten.

Der Zug nach Lauenstein traf mit 20 Minuten Verspätung wohlbehalten in Glashütte ein, und die Glashütter Zuginsassen verließen den Zug, um sich in ihre Behausungen zu begeben. Die anderen Passagiere blieben zum Teil in den Wagenabteilen – obwohl sie auf die Beendigung der Fahrt seitens des Beamtenpersonals aufmerksam gemacht wurden –, einige Insassen begaben sich auch in das nahe Bahnhotel. Um diese Zeit traf nun die erneute Hochflut ein, die urplötzlich derart stieg, daß der ganze Bahnhof und die nahe Müglitztalstraße vom Postamt bis hinab zum städtischen Gaswerk einem großen, an manchen Stellen über 100 Meter breiten und auf der Straße noch bis zu 2 Meter tiefen See glich. Im stehengebliebenen Personenzuge befanden sich zahlreiche Passagiere, die weiter ins Gebirge wollten. Ein solches Ansteigen hielten sie nicht für möglich. Als die Welle heranrollte, spielten sich furchtbare

Hochwasser im Osterzgebirge;
Blick flußabwärts in Berggießhübel (1927)

Szenen ab. Die Signale der Lokomotive riefen nach Hilfe. Menschenkraft war jedoch zu schwach, um die Gefährdeten aus ihrer Lage zu befreien. Bis in die Mitte der Stadt hörbare entsetzliche Hilferufe erklangen, ohnmächtig standen Wehrmannschaften, Samariter und unübersehbare Menschenmengen an der Albert- und an der Hauptstraße. Das Schlimmste aber war, daß die unheimliche, nicht sinken wollende Flut alles mögliche mit sich führte; denn im Hochwassergebiet oberhalb der Stadt wurden Scheunen und Ställe niedergerissen, Holzlagerplätze und auch Menschen von der Flut ergriffen. Diese gewaltigen Hindernisse machten – wie im Jahre 1897 – das Unglück besonders groß.

Schwerfällig hoben sich am Morgen die grauen Nebelschleier. Sonnenstrahlen brachen durch das Gewölk. Unten lagen tote Täler. Menschen irrten verstört umher, suchten unter Trümmern nach ihren Angehörigen. 152 Menschenleben fielen der Katastrophe zum Opfer.

3. Akt: Wassernot in Pirna!

Nach sehr heißen Sommertagen Anfang des Monats Juli 1957 prägte in der dritten Dekade ein Höhentief den Wetterablauf. In den Mittagsstunden des 22. Juli erreichte ein ausgedehntes Regengebiet den ostsächsischen Raum, wo es sich durch den Stau weiter verstärkte und in den Abendstunden durch zusätzlich einsetzende Gewittertätigkeit besonders am Nordrand des Erzgebirges katastrophale Niederschlagsmengen brachte. Das Zentrum des Starkregens lag zwischen Hellendorf und Markersbach. Innerhalb eines Tages fielen dort auf einem 5 km^2 großem Gebiet mehr als 750 Millionen Liter Regen, was dem Inhalt von $7^1/_2$ Millionen Badewannen gleichkommt. Die Wasserführung aller Bäche und Flüsse stieg in der Nacht vom 22./23. Juli sprunghaft an. Die wilden Wogen der Bahra wälzten sich entlang der weitverstreuten Häuser von Markersbach, gruben dem Fluß ein neues Bett mitten durch den Friedhof und vereinigten sich mit denen der Gottleuba im wildzerklüfteten Tal zu einer hochaufschießenden Welle, die sich unheilbringend in den weiten Kessel des Elbtales ergoß. Auf diese Wassermassen setzten sich noch die des Zehistabaches auf, was zur bisher größten Überflutung des Stadtgebietes von Pirna führte. Gegen 5 Uhr morgens erreichten sie die Elbe. Doch plötzlich baute sich vor die drängenden Wassermassen der parallel zur Elbe verlaufende hohe Eisenbahndamm als Barriere auf, verhinderte den ungehinderten Abfluß in die Elbe und staute den Fluß im Stadtgebiet. Während im oberen Gottleubatal bis zur Bahramündung die Wasserstände unterhalb der Hochwassermarken von 1927 lagen, übertrafen sie in Pirna sämtliche bisher dagewesenen Wasserstände. Selbst der Elbhochwasserstand von 1845 lag bei der Überflutung der Stadt um mehr als 40 cm niedriger.

EPILOG: *Schutz dem Menschenleben!*

Hochwasserkatastrophen verursachen gewaltige volkswirtschaftliche Schäden und unermeßliches menschliches Leid.

1897 erstreckte sich der Schicksalsschlag über ganz Sachsen. Im Juli 1927 konzentrierte sich das Unwetter auf das Osterzgebirge. 1957 lag der Schwerpunkt der Tragödie im Gottleubagebiet.

Dem Sommer 1987 blickte halb Sachsen sorgenvoll entgegen. Wieder waren 30 Jahre vergangen. Befürchtungen über eine noch nie dagewesene Flutkatastrophe verdichteten sich, je näher der Juli kam in den Bürostuben und auf den Baustellen zwischen Pirna und Dresden. Doch diesmal wütete das Unwetter auf der böhmischen Seite des Erzgebirges und verschonte unser Sachsen. Wissen wir aber heute, was im Juli 2017 sein wird? Wir wirken sich Klimaveränderung, Ozonloch, Waldsterben aus?

Um die Talbewohner rechtzeitig über den Eintritt eines Hochwassers in Kenntnis zu setzen, wurde in Sachsen nach den Erfahrungen der Katastrophe des Jahres 1897 ein Warndienst eingerichtet.

1903 erschien dazu eine Verordnung über den *»Hochwasser-, Beobachtungs- und Meldedienst in Sachsen«*.

Wirksamen Hochwasserschutz brachten aber erst flußbauliche und Speicherbaumaßnahmen. Die Auswirkungen vom Juli 1897 waren auch Anlaß, die Flußgebiete des Erzgebirges nach geeigneten Standorten für den Bau von Talsperren zum Hochwasserschutz zu erkunden. In der Roten Weißeritz wurde die Talsperre Malter im Zeitraum 1908 bis 1913 und in der Wilden Weißeritz die Talsperre Klingenberg 1908 bis 1914 noch vor dem ersten Weltkrieg gebaut. Die Talsperre Lehnmühle entstand bis 1931.

Erst nach 1957 kam es zum Aufbau des Schutzsystems der Gottleuba. Begonnen wurde in den Quellflüssen der Bahra mit den Rückhaltebecken Buschbach (Fertigstellung 1963) und Mordgrundbach (1966). Dann folgten Liebstadt an der Seidewitz (1967) und Friedrichswalde-Ottendorf am Bahrebach (1970). Abgeschlossen wurde das System mit der Talsperre Gottleuba im Jahr 1974. Nur der Hochwasserschutz im Müglitzgebiet blieb jahrzehntelang im Entwurfsstadium auf dem Papier stecken. Der Realisierung mangelte es immer an Geld!

Quellenverzeichnis

Blaschke, K.: Geschichte Sachsens im Mittelalter, Union Verlag 1991

Fickenscher, K.: Die Elbe hat es mir erzählt, Mitteldeutscher Verlag GmbH 1991

Fickert, R.: Das Katastrophenhochwasser im Osterzgebirge im Juli 1927, Dresden 1934

Fickert, R.: Das Hochwasser im Sächsischen Schwarzwassergebiet am 6. Juli 1931; Sonderdruck aus Deutsche Wasserwirtschaft 1932

Fickert, R.; Schmidt, K.: Die größten Sommerhochwässer des sächsischen Muldengebietes in den letzten Jahrzehnten mit einer Darstellung der Großwetterlagen von 1934

Findeisen, K. A.: Flügel der Morgenröte; Verlag der Nationen Berlin 1956

Fojt, W.: Das Gottleuba-Hochwasser im Juli 1957, Wasserwirtschaft/Wassertechnik 1958

Fügner, D.: Historische Wetterbeobachtungen vor dem 19. Jahrhundert in Sachsen nach Christian Gottlieb Pötzsch, Sächsische Heimatblätter 4/1987

Fügner, D.: Die historische Entwicklung des hydrologischen Meßwesens in Sachsen, Deutsche Gewässerkundliche Mitteilungen Heft 5/6 (1990)

Klaebe, J. G. A.: Neuestes Gelehrtes Dresden, Leipzig 1796

Marx, S.: Ein Beitrag zur Hochwasserhäufigkeit im Osterzgebirge, Zeitschrift f. Meteorologie, Bd. 18, Heft 1/2

Pötzsch, C. G.: Chronologische Geschichte der großen Wasserfluten des Elbstroms seit tausend und mehr Jahren, Dresden Bd. I 1784, Bd. II 1786, Bd. III 1800

Schäfer, W.: Chronik der Dresdener Elbbrücke, nebst den Annalen der größten Elbfluthen von der frühesten bis auf die neueste Zeit, Verlag von Adler und Dietze, Dresden 1848

Der Elbstrom, sein Stromgebiet und seine wichtigsten Nebenflüsse. Königliche Elbstromverwaltung Magdeburg; Berlin 1898

2. Beilage zum Chemnitzer Tageblatt und Anzeiger v. 1. August 1897, 3. und 4. August 1897 – Hochwasser –

Müglitztal-Nachrichten. Die Unwetterkatastrophe im Müglitztal im Juli 1927, Sonderdruck

Bildnachweis

Archiv des Autors 14, 41, 68, 69, 71, 72; *Sächsische Landesbibliothek, Abt. Deutsche Fotothek Schutzumschlagmotiv;* 22 *(Schulze);* 23 *(Hahn);* 54, 56, 58, 59 *(Meinhold);* 64, 66 *Sammlung Dr. A. Weyhmann, Königstein* 32, 34, 36, 37